Couverture inférieure manquante

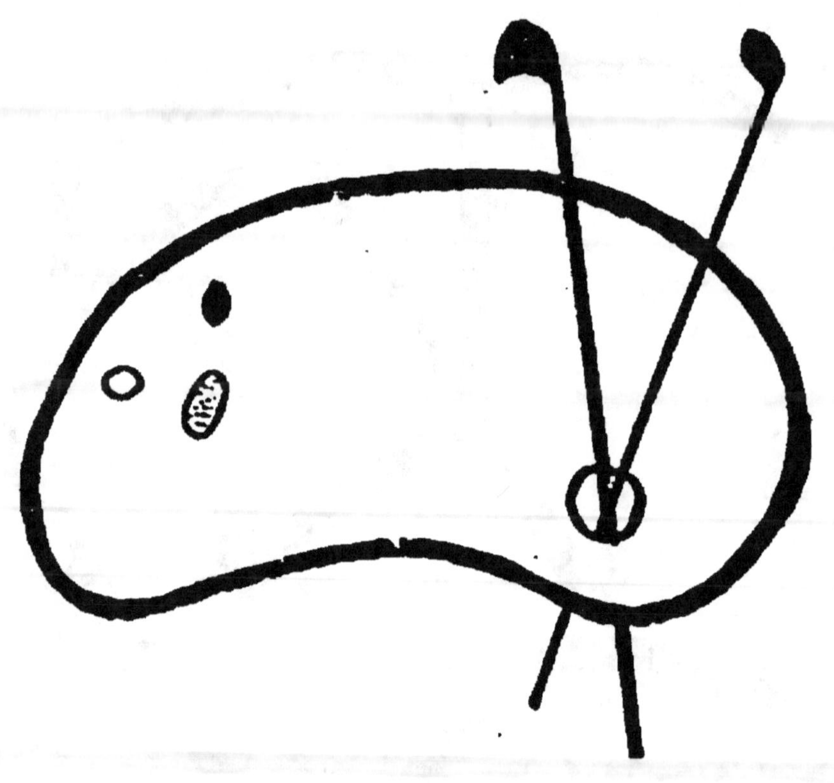

J. DAUTREMER

LA CHINE
POUR TOUS

Histoire — Population — Administration
Traités avec la France

PARIS
HENRI CHARLES-LAVAUZELLE
Éditeur militaire
10, Rue Danton, Boulevard Saint-Germain, 118

(MÊME MAISON A LIMOGES)

LA CHINE POUR TOUS

J. DAUTREMER

LA CHINE

POUR TOUS

Histoire — Population — Administration

Traités avec la France

PARIS

Henri CHARLES-LAVAUZELLE

Éditeur militaire

10, Rue Danton, Boulevard Saint-Germain, 118

(MÊME MAISON A LIMOGES)

PRÉFACE

Ce précis est sans prétention, et surtout fait pour le public en général. La Chine est à l'ordre du jour, et pourtant, à part quelques sinologues et missionnaires, on peut dire que personne ne connaît son histoire, même et surtout peut-être ceux qui vivent au Céleste Empire pour leurs affaires.

Les gros volumes, savants et fort bien faits, qui existent tant en français qu'en anglais sont trop gros et trop complets et forcément arides, on ne les lit pas; ce serait une étude, un travail.

C'est pourquoi j'ai pensé qu'un petit résumé pourrait être utile. Je le livre tel quel; c'est une histoire de la Chine mise à la portée de tout le monde; je l'ai jugé utile, m'étant aperçu combien peu de personnes en France connaissent les choses de Chine.

Il est à peine nécessaire de répéter encore que ce petit livre n'a aucune prétention de haute science ou littérature. Il est fait pour renseigner; puisse-t-il y réussir.

Longtcheou, mai 1903.

J. DAUTREMER.

LA CHINE POUR TOUS

PRÉLIMINAIRES GÉOGRAPHIQUES

On peut diviser la Chine, au point de vue physique, en quatre grands bassins : ceux du Pei ho, du Hoang Ho, du Yan tse kiang et du Si kiang.

Le Pei ho se jette dans la mer à Takou, après avoir passé non loin de Péking et par Tien Tsin.

Le Hoang ho vient se jeter dans le golfe du Tche li après avoir traversé les provinces du Kan sou, Chen si, Chan si, Honan, un coin du Tcheli et le Chang tong. Au point de vue navigabilité, le fleuve est détestable et il est loin d'avoir l'importance du Yang tse, du Kiang, le fleuve par excellence, comme les Chinois le nomment, et qui, parti du Thibet, traversant le Yunnan, le Sse tchuen, Houpé, Hounan, Kiang si, An houei et Kiang sou, arrose par lui-même, ou par ses affluents, la Houaï, la Han, la Siang avec le lac Tong ting, la Kang avec le lac Poyang, la majeure partie et la plus florissante de l'Empire chinois. Les bateaux à vapeur remontent le fleuve jusqu'à Itchang, à 1.000 milles marins en amont, et il est question de les faire aller jusqu'à Tchong king.

Les essais tentés jusqu'à présent n'ont pas donné les résultats qu'on en attendait, mais il est hors de doute qu'on arrivera à triompher des obstacles naturels et à creuser un chenal navigable.

Le Si kiang, moins grand que le Yang tse, est cependant plus navigable que le Hoang ho; il traverse les provinces du Kouang si et du Kouang tong et se jette dans la mer à Canton.

On peut dire que seules les provinces du Tche kiang et du Fou kien sont en dehors du rayon d'action des grands fleuves; toute la Chine, et elle est vaste, est touchée par l'un ou par l'autre de ces fleuves, qui, se jetant dans la mer au nord, au centre et au midi, fournissent un développement de côtes considérable. Aussi y trouvons-nous de nombreux golfes et des ports en quantité. Tous ne sont pas également bons, mais, en somme, il s'en trouve en suffisance pour servir d'abri aux bateaux et d'entrepôts commerciaux.

Nous allons donc passer en revue ce qui nous intéresse le plus, les ports ouverts au commerce européen :

Tien Tsin, ouvert en 1860, après la guerre franco-anglaise contre les Chinois. C'est là que viennent aboutir tous les chargements de riz à destination du Nord;

Nieou tchouang, en Mandchourie; actuellement le port de Nieou tchouang est In keou.

Sur le Hoang ho ou à son embouchure, aucun port; car, ainsi que je l'ai dit, le fleuve n'est pas navigable. Seul le port de Tche Fou, ouvert au commerce en 1863, se trouve dans le bassin du Hoang ho, au nord de la province du Chan tong.

Nous devons ajouter, dans cette province, les ports de Wei hai Wei et Kiao tcheou, occupés, dans des circonstances que personne n'ignore, en 1897-98.

De même devons-nous citer Port-Arthur, dans la presqu'île du Leao Tong, en Mandchourie, et Kouang tcheou ouan, dans la province de Canton, occupés respectivement par les Russes et les Français en 1899.

De Tche fou nous tombons immédiatement dans le bassin du Yang tse avec le port de Chang-hai. Celui-ci a été ouvert au commerce européen le 7 novembre 1843. Et ce n'est qu'en 1861, après le traité de Tien

Tsin que le Yan tse a été ouvert à la navigation européenne.

Tchen kiang, à l'embouchure du fleuve, ouvert en 1861;

Nanking, 1861;

Wou hou, 1877;

Kieou kiang, 1861;

Han keou, 1861;

Yao tcheou, 1899;

Sha si, 1895;

Itchang, 1877;

Chung king, 1891.

Puis, sur la côte :

Hang tcheou et Sou tcheou ouverts en 1896, après le traité de Shimonoséki;

Ning Po, un des cinq ports ouverts en 1842;

Wenchow, 1877;

Fou tcheou, 1842;

Amoy, 1842;

Souataou (Swatow), 1861;

Canton, Whampoa, 1842;

Samsui, Wuchow, 1897;

Pakhoi, 1876;

Hoï how (île de Hainan), 1876.

Et, enfin, le long de notre frontière tonkinoise :

Mong tse, 1886;

Long tcheou, 1889;

Ho keou, 1895;

Sse mao, 1896;

Et, près de la frontière sirno-birmane, Teng Yueh, en 1900.

Toutes ces villes ouvertes possèdent un *tao taï*, lequel est chargé d'entretenir des relations avec les consuls, et qui est, en même temps, chef de la douane. Le service européen des douanes chinoises y est installé.

Dans tous ces ports, les étrangers ont le droit de résider, d'acheter des terrains, de faire du commerce et de créer des industries. Ils ne relèvent que de leurs consuls.

Mai 1904.

Au moment de publier ce travail, nous apprenons que trois ports viennent d'être ouverts dans la province du Chan tong, non loin de la concession allemande de Kiao tcheou.

I

De Yu aux Han.

L'Empire chinois est loin d'avoir été toujours aussi vaste qu'aujourd'hui. Trois mille ans avant Jésus-Christ, la Chine ne comprenait que les provinces actuelles du Chan tong, Chan si, Honan, Kiang sou, Hou kouang, Ngan houeï; en somme, les basses parties du Hoang ho et du Yang tse; le reste était habité : au Nord, par des tribus mongoles et mandchoues; au Sud, par des aborigènes de races différentes dont on retrouve, d'ailleurs, encore les traces dans les tribus actuelles des Miao tse, Lolos, Yao, etc.

Pour ce qui nous intéresse, il est inutile de rappeler les temps fabuleux ou semi-historiques de la Chine; considérons seulement qu'à partir de Yu, c'est-à-dire 2.300 ans avant Jésus-Christ, la Chine était divisée en neuf provinces. C'est à partir de ce prince que commence la véritable histoire de la Chine; c'est lui qui commença les travaux d'assainissement, d'agriculture et traça le plan d'un bon gouvernement.

Il fonda la première dynastie chinoise, celle des *Hia*, vers 2200 av. J.-C. et, à dater de Yu, la monarchie devint héréditaire.

Les Chang (1783 av. J.-C.).

Si nous en croyons les historiens chinois et les différentes chroniques des provinces, la Chine était, sous la première dynastie, ainsi que sous la deuxième, celle des *Chang* (1783 av. J.-C.) en relations constantes avec les différents peuples de l'Asie. Il n'est pas impossible que la Chine ait connu les fameux empires mèdes, perses et assyriens et ait eu avec l'Asie mineure de nombreux contacts tant militaires que pacifiques. La Chine, sous ces deux premières dynasties, n'étant pas l'immense Empire qu'elle est aujourd'hui, formait un État compact.

Les Tcheou (1122 av. J.-C.).

Ce fut Ou ouang, fondateur de la troisième dynastie (Tcheou, 1122 av. J.-C.) qui créa la féodalité et fut la cause des luttes intestines et des dissensions qui désolèrent la Chine pendant de longs siècles. C'est en voulant récompenser les généraux fidèles et en leur distribuant des terres qu'il fit ainsi de la Chine un assemblage de principautés rivales qui se déchirèrent les unes les autres. Au temps de Confucius on en comptait jusqu'à six cents. Ce n'est que sous les Tsin que l'Empire retrouvera un peu de centralisation et d'unité.

Ou ouang est l'un des empereurs de la Chine dont il faut retenir le nom. Il est supposé avoir voyagé vers l'Occident et rapporté de ses voyages bon nombre d'institutions et surtout une quantité d'idées philosophiques et religieuses qui seront condensées à quatre cents ans de là par Lao tseu.

Un de ses successeurs, Mou ouang, voyagea aussi beaucoup, et on peut dire que les voyages de Mou ouang en Occident frayèrent le chemin aux idées occidentales qui vinrent essayer des conquêtes sur des idées d'un autre ordre, mais sans grand succès civilisateur.

Toute l'histoire chinoise nous montre que les civilisations qui ont essayé de pénétrer en Chine se sont fondues et ont été absorbées par la civilisation chinoise. Il y a là un phénomène très curieux : alors que les civilisations asiatiques envahissaient l'Europe et la transformaient en lui imprimant leur cachet, en Chine, elles étaient incapables de lutter contre la civilisation chinoise. Le bouddhisme lui-même ne laissa que peu de traces, en somme, en Chine, et ne prévalut jamais contre les doctrines purement chinoises de Confucius, de Lao tseu, et surtout contre le culte des ancêtres.

C'est évidemment là une des causes qui font que nous trouvons la Chine, à peu de chose près, semblable il y a cinq mille ans à ce qu'elle est aujourd'hui. Elle a été figée; il faut aussi, sans doute, attribuer cet état stationnaire à ce fait : qu'il n'y a jamais eu de grandes migrations de peuples de ce côté du monde asiatique. La Chine est un cul-de-sac, et non un chemin de passage. C'est pourquoi, quelles qu'aient été les relations de la Chine avec l'Occident (et elles ont été nombreuses), elles n'ont pas été assez pénétrantes. La Chine, en somme, n'a eu de relations avec ses voisins que pour repousser ceux-ci; elle y a toujours réussi et elle a donc conservé intactes ses croyances, ses mœurs, ses usages.

La dynastie créée par Ou ouang, celle des Tcheou, a duré plus de huit siècles; c'est sous cette dynastie que sont nés Lao tseu et Confucius.

Lao tseu peut être considéré comme un ermite philosophe; il ne chercha jamais à fonder une religion, et cependant aujourd'hui encore, une espèce de secte religieuse dont les prêtres s'intitulent Tao che ou disciples de la raison, existe un peu partout en Chine. L'œuvre de Lao tseu a dégénéré en superstitions grotesques.

Confucius fut le grand réformateur des princes et

des peuples. Il mit en ordre les livres anciens, les commenta, les expliqua. Il chercha à faire revivre la vertu antique et réussit auprès de plus d'un prince.

A l'époque de Confucius, la Chine était divisée en principautés féodales, et le philosophe était né dans la principauté de Lou (province actuelle du Chan tong).

Tsin che Hoang ti (221 av. J.-C.).

Les Tsin (255 av. J.-C.), qui suivirent les Tcheou, ne sont connus que par le célèbre Tsin che Hoang ti (221 av. J.-C.), le premier qui ait pris le titre de Hoang ti, souverain empereur que ses successeurs ne quitteront plus, et qui voulut anéantir toute l'histoire antérieure de la Chine afin de la faire commencer à son règne. Dans ce but, il brûla tous les ouvrages parus, persécuta les lettrés et essaya de supprimer toute espèce d'études.

Au point de vue politique, le mérite de Tsin che Hoang ti fut de réunir les Etats feudataires en un seul empire sous sa domination. A l'époque où il monta sur le trône, les grands Etats feudataires étaient au nombre de huit. L'idée de les abattre et de les réunir sous le sceptre impérial revient à Li se, premier ministre.

Il semble que le Ministre, aussi bien que l'Empereur, ait eu un sentiment de la vie un peu différent de celui des autres empereurs ou ministres chinois. Ainsi, pour faire la guerre aux lettrés, ils se basaient sur ce que, tous, ils savaient très bien ce qui s'était passé dans les temps les plus reculés, et ignoraient les choses du moment, ne se préoccupaient pas de l'avenir sinon pour le modeler sur le passé.

C'est là, dans toute l'histoire de la Chine, un exemple curieux. Seul entre tous les monarques chinois, mongols ou mandchoux qui ont régné sur la Chine, l'Empereur Tsin che Hoang ti essaya de rejeter cette tunique de Nessus qui empêchait la Chine de se développer, de marcher en avant; il négligea les cérémonies antiques, les remplaça, les transforma en leur enlevant leur caractère suranné qui, disait-il, ne signifiait plus rien à son époque.

Malheureusement les nouvelles doctrines ne trouvèrent pas de disciplines et cet Empereur, qui a tout le caractère d'un esprit large, entreprenant et ouvert au progrès, est précisément celui que les Chinois détestent le plus et dont ils exècrent la mémoire.

Les réformes voulues par Hoang ti tombèrent avec lui et sous les Han nous retombons dans la routine chinoise. Ce fut cet empereur qui mit à exécution la construction de la Grande Muraille, pour résister aux incursions des Tartares Hiong nou (les Huns).

A la mort des successeurs de Tsin che Hoang ti, incapables de continuer les projets du grand Empereur, l'Empire chinois retomba dans les luttes civiles, les compétitions armées; et, de nouveau, pendant une vingtaine d'années, les petits royaumes essayèrent de se rendre indépendants.

Fort heureusement le roi de Han, ancien général parvenu, battit ses rivaux et prit en mains le pouvoir.

Les Han (202 av. J.-C. 220 ap. J.-C.)

Il fonda la dynastie des Han (202 avant J.-C. à 220 après J.-C.). Mais, si ce fut un bien au point de vue de l'apaisement, ce fut un recul au point de vue du progrès, des idées larges et libres; car les empereurs Han se laissèrent de nouveau déborder par les lettrés et les vieilles traditions.

Il y avait, sans doute, à réparer pas mal d'erreurs

de Tsin che Hoang ti; il y avait à reconstituer tous les ouvrages anciens qu'on retrouva peu à peu et qu'on rendit à la lumière, et l'Empereur Wen ti se chargea de rétablir les classiques; mais, en même temps, il n'y eut aucun essor vers la nouveauté, et la Chine se rendormit dans une période littéraire dont elle se vante encore aujourd'hui, mais qui fut peut-être la plus grande cause de son immobilité.

Un des principaux empereurs des Han fut Wou ti, qui eut à lutter contre les Tartares et contre les peuples à l'occident de l'Empire; il fit de nombreuses expéditions dans l'Asie occidentale et il eut le malheur de toujours repousser ses adversaires. Je dis le malheur; en effet, repoussant toujours les invasions qui essayèrent de se frayer un passage, la Chine n'eut à subir aucun mélange, sinon celui de rares autochtones au Centre et au Sud, inférieures à elle et que, par conséquent, elle civilisa à sa manière et finit par absorber.

Elle n'eut aucun rapport suivi, aucun mélange avec des peuples forts, et différents d'elle comme mœurs, idées, culture et qui auraient pu lui inculquer, par un contact prolongé, d'autre sang et d'autres idées.

Wou ti soumit les côtes du Kouang tong et une partie de la province; il y avait là des tribus indépendantes, probablement celles dont on peut voir des représentants encore aujourd'hui à Formose et à Hainan.

C'est sous le règne de l'empereur Wou ti que naquit le fameux historien Sse ma tsien, à Long Meun (en l'an 145 avant (J.-C.). Il est considéré comme le plus grand historien chinois; et il a écrit toute l'histoire de la Chine jusqu'à la dynastie des Han. Mais Sse ma tsien ne s'est pas contenté d'écrire les faits historiques; il a écrit sur toute espèce de sujets, et pour un bon Chinois, Sse ma tsien, est, encore aujourd'hui à 2.200

ans de distance, ce qu'on pourrait appeler *la loi et les prophètes.*

Rien n'est nouveau; tout se trouve dans Sse ma tsien. Le Chinois ne serait pas éloigné de croire que le télégraphe et les chemins de fer, les mathématiques, la navigation à vapeur et les découvertes de Pasteur se trouvent dans Sse ma tsien. J'ai eu, il y a quelques années, l'occasion de voyager sur le Yang tse Kiang, en compagnie d'un tao tai se rendant à Fong yang fou, ville située sur la Hoaï. Nous avons parlé, chemin faisant, un peu de tout. Et le brave homme me disait : « Toutes ces choses dont vous êtes fiers, nous les connaissions avant vous. Sse ma tsien parle de toutes ces belles choses dans son histoire. Mais nous n'en sentons pas le besoin; c'est pourquoi nous ne nous en servons pas. »

J'aurais pu lui répondre qu'il se servait bien cependant du bateau à vapeur, puisqu'il était avec moi sur le *Kiang yong* de la « China merchant SS. C° ».

Ce fut sous la dynastie des Han que le bouddhisme fut introduit en Chine, vers l'an 65 de notre ère. Le Tonkin, la Cochinchine furent conquis et des relations commerciales s'établirent avec l'Empire romain. Sous l'Empereur Ho ti (89 ap. J.-C.), le général Pan tchao fournit des marches considérables jusque sur la Caspienne, en Perse, en Asie Mineure. Pline l'historien confirme lui-même ces relations de la Chine avec l'Empire, et les Chinois étaient bien alors ce que nous les trouvons aujourd'hui. *Seres,* dit en effet Pline, *mites quidem, sed et ipsis feris persimiles, cœtus reliquorum mortalium fugiunt, commercia exspectant* (1).

Déjà, à cette époque, on constatait la sauvagerie du

----

(1) Les Chinois sont doux, c'est vrai; mais ils ressemblent aussi aux bêtes fauves; ils fuient le reste des hommes, et craignent les relations.

Chinois qui a, aujourd'hui comme alors, l'horreur de l'étranger et qui, cependant, sans vouloir se mêler à lui, ne dédaigne pas le profit qu'il peut retirer de ses relations commerciales.

C'est également sous le règne de Ho ti que vécut la célèbre Pan houei pan, sœur de l'historien Pan kou et qui continua l'histoire de Sse ma tsien en collaboration avec son frère. Son livre est connu sous le nom de *Han chou* ou *Livre des Han.*

Le général Pan tchao, dont j'ai parlé plus haut, Pan kou et Pan houei pan étaient frères et sœur.

La dynastie des Han, arrivée à son apogée, ne tarda pas à tomber, et sa chute est due à la lutte engagée par les lettrés contre les eunuques, que la faiblesse impériale avait appelés aux fonctions publiques.

Des guerres civiles et des exécutions en masse désolèrent l'Empire, qui fut divisé en trois ou quatre royaumes ayant chacun leur souverain.

Ce fut la fin de la dynastie des Han.

Nous sommes arrivés à l'époque connue des Chinois sous le nom de San kouo ou trois royaumes, celui de Wei, celui de Han et de Chou, et celui de Ou, qui luttèrent jusqu'à ce que Wei l'emporta; mais ce dernier fut à son tour battu par un soldat de fortune et la dynastie des Tsin fut sur le trône.

La dynastie des Han, dont je viens de parler, est l'une des plus célèbres en Chine. Elle a été brillante, en effet, au point de vue chinois, comme lettres, arts, et comme gloire militaire. Aussi, encore aujourd'hui, les Chinois se disent avec orgueil Han jen, c'est-à-dire homme des Han, un Han.

II

Des Tsin aux Yuen.

Ainsi qu'on peut le constater par les diverses phases de l'histoire de Chine que nous avons déjà parcourues, c'est toujours quelque soldat de fortune, quelque général fameux qui s'empare du pouvoir, favorisé qu'il est par les divisions intestines des petits princes qui essayent toujours, soit de reconquérir leur indépendance, soit de lutter entre eux pour arriver à la dignité suprême.

En ceci, d'ailleurs, l'histoire de la Chine ne diffère guère de l'histoire d'un État quelconque et nous avons vu, en ce siècle, qu'il en aurait été de même et que la dynastie actuelle aurait été renversée si les armées européennes ne s'en étaient pas mêlées.

Les Tsin (267 ap. J.-C.)

C'est sous la dynastie des Tsin, en l'année 267 de notre ère, que nous voyons les Japonais apporter un tribut à l'Empereur de Chine.

Nous sommes bien loin de là aujourd'hui.

C'est également sous les Tsin que les Tartares Hiong nou détruisirent les capitales de Loyang au Honan et de Tchang ngan (aujourd'hui Singanfou) au Chensi.

Passons rapidement les Song, les Léang, les Kiu, les Soui et arrivons à la dynastie des T'ang qui dura de 618 à 909 de notre ère.

Les T'ang (618-909).

L'Empire était arrivé, entre les mains des eunuques et des femmes, à un état de dissolution matérielle et morale, tel que l'on sentait une révolution prochaine. C'est dans cet état de choses que Li yuan, un des grands de l'Empire, aidé de son fils, se fit reconnaître empereur. C'était précisément à cette époque que Mahomet commençait à prêcher l'islam. Les Turcs entrèrent en relations avec la Chine, par suite en lutte; mais ils furent battus et repoussés par Li che min, fils de l'Empereur, qui triompha aussi des Tartares.

L'empereur Taï Tsong.

Li che min, l'un des plus célèbres généraux chinois, succéda à son père, lequel abdiqua en sa faveur et prit le nom de Taï Tsong, en 626. Ce fut un grand empereur et il illustra le trône de Chine. C'est un des noms de l'histoire de Chine à retenir.

Sous son règne, le Thibet et le Sse tchuen furent divisés en préfectures.

Taï Tsong était un homme simple, sobre, d'une grande moralité, d'une grande justice et de beaucoup de caractère.

C'est sous son règne qu'est signalé ce fait de trois cents condamnés à mort, auxquels il avait permis de faire la moisson à condition qu'ils viennent au terme fixé pour leur exécution. Tous revinrent et l'Empereur les gracia.

Taï Tsong a écrit un livre fort intéressant sur la manière de bien gouverner; ce livre est intitulé *Le Miroir d'or*.

Il divisa l'Empire en dix provinces, organisa l'armée; établit des crédits sur les fonds publics pour assurer l'existence des infirmes et des vieillards. Pour encourager le peuplement de l'Empire, il donnait une somme d'argent ou faisait un don de riz à toute femme qui mettait au monde un garçon.

On peut voir par là qu'il n'y a réellement, sauf au point de vue matériel, rien de nouveau sous le soleil, puisque toutes ces choses que nous essayons d'instituer avec tant de peine existaient déjà en Chine du temps de nos rois mérovingiens.

A la mort de Taï Tsong, qui eut lieu en 649, non seulement les Chinois, mais les peuples étrangers, les Tartares eux-mêmes, ces perpétuels ennemis des Chinois, prirent le deuil.

Sous son règne, l'Empire chinois accrut considérablement son influence dans l'Asie centrale. Les limites de la Chine proprement dites furent étendues vers l'Ouest jusqu'au Tsong ling, au Tien chan et à la Perse.

C'est sous le règne de Taï Tsong que la religion chrétienne arriva en Chine ainsi qu'on a pu le constater par l'inscription découverte en 1626 à Si ngan fou.

L'inscription de la stèle de Si ngan fou est syrochinoise. On croit qu'elle fait allusion au nestorianisme. Le R. P. Havret, de la Société de Jésus, a publié dans les variétés sinologiques éditées à Chang hai par sa Compagnie, deux fortes brochures sur cette stèle chrétienne.

L'Empereur Taï Tsong accueillait, en effet, tout le monde, et son esprit libéral ne repoussait personne.

Un de ses successeurs, Hiouen Tsong, animé du même esprit que lui, tolérait toutes les doctrines, toutes les religions. Aussi, sous son règne (847-860), accoururent de tous les coins de l'Asie une foule l'apôtres de doctrines étrangères.

Ces doctrines, au reste, et ces religions ne changèrent en rien, ne modifièrent en rien les idées chinoises qui, déjà à cette époque, après trois mille ans d'histoire, étaient tellement ancrées dans les idées du peuple chinois qu'il était bien difficile de les influencer. Il était trop tard.

C'est, au contraire, la Chine qui distribua ses livres sacrés, ses *king* au Thibet et aux pays avoisinants.

Et seul le mahométisme fera une brèche dans une partie de la population chinoise des cinq provinces de l'Ouest en leur inculquant sa doctrine. Et encore le nombre des mahométans chinois est-il bien minime, eu égard à la population totale du pays.

Sur la fin de la dynastie des Tang, la Chine comprenait, outre la Chine d'aujourd'hui : le Leao Tong, le Tonkin, la Cochinchine, et les pays à l'ouest du Chensi jusqu'au royaume de Kachgar.

La Corée était tributaire; le pays était divisé en quinze provinces.

En 750, les Arabes et les Persans faisaient un grand commerce à Canton. Ils profitèrent même, disent les chroniques chinoises, d'une émeute pour piller la ville et se retirer par mer.

C'est sous les Tang que vécurent les deux poètes Tou fou et Li taï pé, l'un du Hou kouang, l'autre du Sse tchuon.

Le Yunnan, à cette époque, formait encore un Etat indépendant qui avait ses rois et n'avait aucune relation avec la Chine.

La dynastie des T'ang finit misérablement en 907 après que le dernier empereur, Chao Tsong, eut été emprisonné par les eunuques et que le général Tchou san, qui l'avait délivré, eut pris le pouvoir. Mais il ne fut pas reconnu par tout le monde; plusieurs chefs de province et gouverneurs prirent eux-mêmes le titre d'empereurs et l'Empire retomba dans l'anarchie.

Ou Taï, cinq dynasties (907-960) : Léang postérieurs, T'ang postérieurs, Tsin postérieurs, Han postérieurs, Tcheou postérieurs.

Nous passerons rapidement sur les cinq dynasties qui se succédèrent après les T'ang et qui durèrent un demi-siècle, époque de révolutions dynastiques, de compétitions et de guerres civiles telles que les irruptions incessantes des Tartares du Leao Tong, obligèrent, enfin, les grands à nommer empereur le premier ministre de la dynastie des Tcheou postérieurs, homme intègre, habile et ferme qui fonda la dynastie des Song (960 de J.-C.).

Les Song (960 ap. J.-C.).

Ce prince remit le calme dans l'Empire et, s'il ne fit sous son règne rien de remarquable, c'est qu'il avait déjà trop à faire à reconstituer ce qui avait été détruit. Il ne régna, d'ailleurs, que quinze ans.

Sous son successeur, les Tartares orientaux firent irruption dans le Leao Tong et ils furent repoussés par Tchin tsong. Mais celui-ci commit la faute de leur promettre une somme d'argent annuelle s'ils se tenaient tranquilles, et c'est ce qui fit qu'ils recommencèrent, au contraire, leurs incursions. Aussi les voyons-nous envahir de nouveau la Chine sous Jou tsong (1023-1063), lequel, d'ailleurs, tout occupé de lettres, de philosophie, au lieu de les chasser par les armes, leur paya un tribut encore plus considérable que ses prédécesseurs.

Ce fut sous ce règne que vécut Sse ma kouang; qui, bien que très brillant historien, n'est cependant pas aussi apprécié que Sse ma tsien.

Le ministre Wang Ngan ch».

Il est surtout connu pour ses querelles avec le ministre d'État Wan ngan che, lequel était un esprit ouvert et réformateur, qui désirait voir la nation renoncer à ses préjugés et à ses antiques formules pour régénérer la Chine.

Wang ngan che avait réussi à persuader l'Empereur et à débarrasser le pays de beaucoup de superstitions.

Pour son époque, il était un esprit très avancé, au point qu'en 1069, au moment d'une famine terrible et d'autres fléaux : tremblement de terre, épidémie, sécheresse, il s'était élevé contre les gens qui attribuaient cela aux dragons et autres esprits. « Ce sont choses naturelles, disait-il; vous ne pouvez rien contre la nature. »

Wang ngan che est, avec l'Empereur Chi Hoang ti, le seul Chinois qui, dans l'histoire si longue de la Chine, ait une idée du progrès et de l'amélioration morale et matérielle.

Il réforma également l'agriculture, les impôts. Il voulut réformer le système d'éducation des lettrés; mais il trouva contre lui tout le monde officiel, Sse ma kouang en tête. Malgré cela, l'Empereur Ching tsong, qu'il avait réussi à convaincre de la nécessité et de l'avantage de ces réformes, les aurait fait exécuter s'il n'était malheureusement pas mort en 1086.

Le onzième de ses fils, Hoei tsong, qui régna de 1101 à 1125, commit l'imprudence d'appeler à son secours contre les Kitan, qui occupaient le Leao Tong, les Tartares jou tche. Le chef de ceux-ci, après avoir battu les Kitan, s'empara du Leao Tong, du Tche li et du Chen si, et fonda la dynastie tartare des Kin qui régna au Nord jusqu'à ce qu'elle fût détruite par les Tartares occidentaux. Pendant ce temps les Song s'étaient retirés dans le Sud et régnaient à Nankin avec Kao Tsong, neuvième fils de Hoei Tsong (1127 à 1163).

Le règne suivant, de Hiao Tsong (1163-1189), vit naître Tchou Hi, le plus célèbre commentateur de Confucius et dont, au reste, les commentaires sont encore aujourd'hui acceptés par tous les lettrés.

Tchou hi vivait dans la province du Kiang si, entre Kleou Kiang et Nan Kang, sur la montagne nommée Lou chan. La légende rapporte que sa demeure était une grotte naturelle dans la montagne, et qu'un cerf blanc allait tous les jours à Nan Kang lui chercher sa nourriture. Cette grotte, que l'on peut visiter, se nomme aujourd'hui Pe lou tong (grotte du Cerf-Blanc et le cerf y est représenté en une statue de pierre). C'est un lieu de pèlerinage pour les lettrés, et il m'est arrivé, il y a quelques années, d'y rencontrer des lettrés japonais venus tout exprès de Tokio.

Après Hoei Tsong, la dynastie des Song compte encore cinq empereurs, mais déjà, à cette époque, nous voyons apparaître les Tartares mongols.

Les Tartares Mongols. — Dynastie des Yuen (1279).

Ces derniers avaient déjà, sous la conduite de Tchingis khan, conquis toute la Chine septentrionale et occupaient le pays compris entre le Chen si et le Thibet. Appelés par l'Empereur Ning Tsong contre les Mandchoux orientaux, ils se précipitèrent sur la Chine, prirent goût à la civilisation chinoise et leur chef Khoubilaï Khan (en chinois Hou pi lié) petit-fils de Tchingis Khan, établit, en 1279, la dynastie mongole des Yuen, après avoir pénétré avec ses armées jusqu'au Sse tchuen et au Yunnan.

Les deux derniers empereurs Song, Touan Tsong et

Ti ping, se réfugièrent dans le Kouang tong et y périrent (1276-1278).

Comme tous les barbares qui s'abattirent sur la Chine, Khoubilai subit l'influence des choses chinoises, des lettres, de la civilisation. Il avait fait bâtir un palais magnifique en l'honneur de ses ancêtres, et en 1267 avait commencé l'édification de la ville tartare de Taï tou ou de Péking.

C'est là que Marco Polo vint le voir.

Khoubilai ne se contenta pas de rétablir l'ordre dans l'Empire; il voulut aussi conquérir le Japon et soumettre le Tonkin et la Cochinchine. Mais les vaisseaux qu'il envoya contre le Japon furent tous perdus et l'armée mongole fut repoussée par les Japonais. Le récit de cette expédition se trouve en détail dans le livre de Marco Polo, et les chroniques japonaises de l'époque en rapportent tous les détails. Les Mongols furent jetés par la tempête sur les côtes de Kiou siou et les Japonais les rejetèrent à la mer en les exterminant presque tous.

Khoubilai Khan mourut à Péking en 1294, à l'âge de 80 ans.

Son empire ne connaissait, pour ainsi dire, pas de limites. Des mers de Chine à la Caspienne tout était sous sa domination.

Ce fut son petit-fils Timour qui lui succéda.

La plus grande préoccupation de ces empereurs étrangers était de s'alli... 'es bonnes grâces des vaincus, et ils s'appliquaien... t tout ce qu'aimaient par-dessus tout les Chinois : les lettres et les rites.

Ce fut sous les Yuen que le pays fut divisé en dix-huit gouvernements.

La grande faute que commirent les Yuen fut de se laisser complètement dominer par les Lamas, qui finirent par acquérir une très grande puissance. Certains empereurs gouvernaient pas leur intermédiaire. Des révoltes surgirent de tous côtés et, sous le règne du dernier Mongol Tohan Timour (en chinois Chouen ti), une certain Tchou Yuan Tchang, ancien bonze et général d'occasion, fut assez heureux pour ruiner complètement la dynastie mongole et rétablir une dynastie purement nationale, celle des Ming, en 1368.

Dynastie Ming (1368).

La littérature et les arts eurent une période florissante sous la dynastie des Yuen, surtout sous le règne du premier empereur Khoubilai Khan. Il est à noter, en effet, que les Mongols, ces barbares nomades et étrangers à toute espèce de civilisation, se trouvèrent saisis par la culture chinoise; ils furent ravis de choses qu'ils ne connaissaient pas; eux, rudes guerriers, toujours combattant, toujours luttant, qui avaient presque conquis l'Europe orientale, ils se laissèrent adoucir et amollir par les lettres, les arts et tout l'ensemble de la vie chinoise.

Ainsi nous voyons, dans cette période des Yuen, tous les livres chinois traduits en mongol. Nous voyons les Mongols apprendre le Chinois, rivaliser avec les Chinois dans l'étude des King et des autres livres sacrés.

C'est sous les Yuen que naquit l'historien Ma Touan lin, lequel a écrit un ouvrage nommé *Ouen hiang Tong Kao;* ce livre est surtout fait dans le but d'étudier les monuments du passé, les traces laissées dans l'histoire par la civilisation antique; l'administration et le gouvernement sous les anciennes dynasties.

En somme, les Mongols ne furent pas pour la Chine des conquérants destructeurs et des maîtres brutaux. Au contraire, ils s'affinèrent au contact des vaincus et eurent un gouvernement sage et éclairé, mais qui brilla surtout de tout son éclat sous le règne du fondateur de la dynastie, Khoubilaï Khan.

C'est sous les Yuen que les premiers missionnaires catholiques pénétrèrent en Chine : Jean de Plan Carpin, Montecorvino, Rubruquis furent reçus à la cour des empereurs mongols et y vécurent.

C'est également sous cette dynastie que nous voyons arriver en Chine Marco Polo qui a vécu, pendant dix-sept ans, attaché à la personne de Khoubilaï.

III

Les Ming; les Tsing jusqu'à Kien long.

Nous voici revenus à une dynastie vraiment chinoise, les Ming.

Le fondateur, Hong ou, ayant déjà établi sa capitale à Nanking alors que le Nord était encore au pouvoir des Tartares Yuen, avait agi en empereur au temps même où les étrangers tenaient toujours l'Empire. Cependant, ayant envoyé des généraux dans le Nord pour en chasser les Yuen, il finit, après leur défaite, par s'installer lui-même à Péking.

Il fit reprendre tout le vieux cérémonial chinois, remit en honneur tous les usages chinois, fit lui-même le sacrifice au temple de l'Agriculture, alors que l'Impératrice offrait un sacrifice à l'Esprit des mûriers.

Les mandarins avaient ordre de s'enquérir des besoins du peuple, de s'occuper de l'entretien des vieillards et des orphelins. Chaque ville eut sa bibliothèque. Une carte générale de l'Empire fut dressée.

Les seuls faits à noter sous cette dynastie, qui fut très pacifique et s'appliqua en paix à bien gouverner, sont les invasions continuelles des Tartares, contre lesquels il était nécessaire de faire une garde incessante. Les plus grands ravages qu'ils firent eurent lieu sous l'empereur Che Tsong (1522-1566).

En 1555, les Japonais eux-mêmes, qui venaient autrefois, en qualité de vassaux, porter leur tribut, voulurent faire une guerre ouverte aux Chinois. Ils se jetèrent d'abord sur les côtes du Tche Kiang, d'où ils furent repoussés. Ils revinrent en 1556, mais furent repoussés de nouveau; et, sept ans après, ils essayèrent de prendre le Fou Kien, mais eurent aussi peu de succès.

Nous les voyons aujourd'hui reprendre l'offensive vers le Fou kien et peut-être finiront-ils par voir se réaliser leurs espérances.

Sous l'Empereur Ching Tsong (1573-1619), les Japonais envahirent la Corée en 1595, mais ils furent repoussés par les Chinois et presque totalement détruits. Ils furent même tellement réduits à la merci des Chinois que Ching Tsong donna à l'Empereur du Japon le titre de *ouang* (roi) et lui défendit d'envoyer aucune ambassade en Chine.

Cependant les Tartares orientaux ou Mandchoux ne cessaient leurs incursions sur le territoire chinois.

La dynastie Ming, affaiblie, n'était pas de force à leur résister et Ching Tsong eut même la pensée de s'enfuir à Nanking, lorsque la mort vint le surprendre.

Ce fut sous le règne de cet empereur que les premiers Jésuites vinrent en Chine. Leur arrivée dans le pays fit pénétrer l'Europe un peu plus avant dans l'histoire de la Chine. Jusqu'alors, en effet, on n'avait eu pour base que les histoires et les documents chinois. Les Jésuites, par leurs études, par les travaux exécutés d'après des traditions, des monuments, d'après les lettres et les arts de la Chine, mirent à jour la vie et les mœurs de ce pays.

Les principaux sont le P. Ricci, le P. Verbiest, le P. Schall.

Ils aidèrent l'Empereur de leurs conseils, fondirent même des canons pour servir dans les luttes contre les Tartares. Des canonniers portugais vinrent de Macao. Nous voyons, à dater de cette époque, les Européens entrer en relations suivies avec la Chine. Et ce vaste empire qui s'était tenu jusque-là complètement fermé et n'avait qu'une vague connaissance du monde occidental, au delà surtout de ces propres frontières, va être livré aux ambitions européennes.

Avant sa chute totale, la dynastie des Ming lutta de longues années dans le Sud pendant que les Tartares s'emparaient de toutes les provinces du Nord. De plus, un rebelle, Li tse ming, désolait l'intérieur de l'Empire et suscitait la révolte dans le but de se faire nommer empereur. Nous assistons donc encore une fois à ce fait qui s'est passé, on peut dire, à chaque changement de dynastie : c'est que, avant l'établissement définitif des Tsing, et la ruine totale des Ming, la révolution et la lutte acharnée désolent la Chine.

Aussi, bien qu'on fasse partir la dynastie mandchoue de 1616, ce n'est véritablement qu'en 1610 que les Tsing sont maîtres de l'Empire.

Sous les Ming, la Chine était divisée en quinze provinces.

Les Tartares Mandchoux (1618).

Nous voici donc arrivés une seconde fois à une période de l'histoire chinoise qui nous montre la Chine passant sous le joug étranger. Déjà en 1618, le chef Tartare publiait un manifeste pour envoyer ses troupes attaquer les Chinois. Mais on peut dire que celui qui a aidé sa patrie à tomber sous le joug tartare fut le général Ou san kouei, qui ne comprit pas qu'en appelant ces barbares au secours des Ming contre les rebelles de Li tseu ming, il appelait lui-même l'asservissement de sa patrie.

Il le reconnut trop tard, lorsque, retiré à Si ngan

fou, il était à la merci des Tsing, ses auxiliaires et ses vainqueurs.

Les Tsing; Kanghi (1622).

Les deux premiers empereurs de la dynastie des Tsing ne régnèrent pas longtemps, et passèrent leur règne à conquérir les provinces du Sud qui étaient restées fidèles aux Ming.

A eux succède l'empereur Kang hi (1662-1722). Tout le monde connaît cet homme extraordinaire, dont le règne, glorieux dans la paix comme dans la guerre, rappelle celui de Louis XIV ou, mieux, de Charlemagne.

Quand les expéditions contre les rebelles ou contre les tribus mongoles lui en laissaient le temps, il s'occupait de toutes sortes de travaux avec les pères Jésuites, pour lesquels il avait beaucoup d'égards et d'admiration. Il les combla d'honneurs et nomma le P. Verbiest chef du bureau des astronomes.

Mais, au milieu même de ses études, d'autres soucis venaient le troubler. C'est ainsi qu'en 1673, Ou san kouei, celui qui avait eu le malheur d'appeler les Tartares au secours des Ming, se révolta. Devenu prince du Yunnan et du Kouei tcheou, il se rendit suspect et fut appelé à Péking. Il consentit à s'y rendre, « mais, répondit-il, ce sera à la tête de quatre vingt mille hommes ». Son fils qui se trouvait lui-même à Péking avait essayé de l'aider, mais il fut découvert et décapité.

Cependant Ou san kouei tenait sa promesse; le Kouang Tong, le Kouang si, le Yunnan et Formose s'étaient révoltés. Seulement ils avaient à faire à forte partie et Kang hi devint bientôt maître des rebelles. Ou san kouei mourut en 1679, accablé de vieillesse et de chagrins.

Toutes les provinces du Sud furent alors occupées par les armées tartares.

En 1696, Kang hi eut à soutenir une autre guerre contre les Eleuth qu'il battit. Il mourut en 1722. En 1720, il avait reçu une ambassade russe.

Une des choses à noter dans ce règne, c'est la querelle des Jésuites et des Dominicains au sujet du culte des ancêtres. Cette querelle fut la cause des nombreuses persécutions qui suivirent.

En effet, tant que le catholicisme se bornait à une propagande calme, sans bruit, il était toléré, bien que peu apprécié. Mais les Empereurs, ayant besoin de la science et de l'intelligence des Pères Jésuites, toléraient la religion. Le jour où les Dominicains vinrent livrer bataille aux Jésuites pour la prépondérance, la religion avait vécu.

Il y a là une faute énorme commise par les Espagnols. Les Jésuites étant laissés seuls, auraient fait de la Chine, et rapidement, une puissance chrétienne.

C'est également, du reste, aux Dominicains espagnols qu'il faut attribuer la persécution religieuse qui a détruit le catholicisme au Japon.

Nation orgueilleuse et fanatique, l'Espagne n'a jamais rien fondé, mais elle a souvent détruit. Les Espagnols ont toujours été et sont restés des « conquistadores ».

Les Jésuites furent invités par Rome à quitter Péking, et les Lazaristes furent appelés à diriger cette mission que, du reste, ils dirigent encore aujourd'hui.

Yong tcheng, Kien long, Kia King.

Youg tcheng, qui succéda à Kang hi, fut un ennemi des missionnaires.

Son fils Kien long (1736-1795), lui succéda à l'âge de 26 ans.

Ce prince eut à lutter contre les Eleuths, par qui il fut battu une première fois; mais qu'il finit par réduire ainsi que les Turcs de Kachgar, d'Aksou et de Yarkand.

La puissance chinoise s'exerça encore une fois à l'extrémité de la Tartarie, sur les confins de la Perse comme au temps de la dynastie des Han et des Tang.

En 1775, Kien long fit, contre les Miao tseu du Sse, tchuen et du Yunnan une expédition qui fut une véritable extermination.

La lutte dura de longues années; les montagnards résistèrent jusqu'au bout, mais durent succomber; leurs chefs furent amenés à Péking et décapités.

Kien long fit faire de grands travaux pour endiguer le Fleuve Jaune.

Avant sa mort, il avait reçu une ambassade anglaise à la tête de laquelle se trouvait Lord Macartney.

Kia king (1796-1820). Règne licencieux et efféminé, connu surtout par les nombreuses persécutions contre les missionnaires.

Nous entrons dans la période moderne, période des relations de plus en plus suivies avec l'Europe. Nous allons nous en occuper d'une façon toute spéciale dans le chapitre suivant.

IV

De Kien Long à Chien Fong.

Quand Kien long abdiqua en faveur de son fils, l'Empire semblait en paix ; les tribus rebelles du Sud avaient été battues et on ne voyait partout que le bien-être et la tranquillité. Cependant, à peine Kia king était-il monté sur le trône, que la secte secrète du Nénuphar Blanc (Pe lien houeï) suscita une rébellion qui causa la ruine d'une grande partie de l'Empire.

La révolte commença au Houpé. Il fallut des sommes énormes et des exécutions innombrables pour y mettre fin.

En 1802, les Anglais attaquèrent Macao, déjà alors aux mains des Portugais, sous prétexte d'empêcher les Français de s'en emparer. Mais ils l'évacuèrent de suite. Six ans après, en 1808, une flotte commandée par l'amiral Drury vint de nouveau occuper la ville; les Chinois protestèrent et menacèrent de chasser les Anglais. Ceux-ci ne voulant pas en venir aux mains, se retirèrent et les Chinois crurent naturellemnt qu'ils avaient eu peur.

Comme suite aux complications qui avaient surgi, à propos des incidents de Macao, entre les Chinois et les Anglais, le gouvernement britannique résolut d'envoyer une ambassade à Péking pour régler différents points et notamment pour s'assurer la facilité de faire du commerce. Lord Amherst fut chargé de cette importante mission et il arriva à Péking avec sa suite le 28 août 1816.

Malheureusement le résultat fut nul : l'ambassadeur anglais, en effet, n'ayant pu se rendre à l'audience imposée par l'Empereur aussitôt son arrivée, fut obligé de repartir sans l'avoir vu.

Kia king termina son règne sans se distinguer par rien de brillant et mourut à 61 ans après avoir été vingt-cinq ans sur le trône.

Son second fils lui succéda sous le nom de Tao kouang.

A peine monté sur le trône, ce prince, qui semblait plus capable que son père, eut à combattre une vaste rébellion qui désola le Turkestan. Ce fut pendant l'été de 1825 qu'un chef nommé Djéhanguir essaya de recouvrer son indépendance. Il triompha partout et il s'était emparé de presque toute la province, quand Tao kouang envoya contre lui le général en chef Tchang ling et son subordonné Yang yu tchouen. Ces deux généraux trouvèrent dans les forces ennemies une résistance acharnée et ils eurent beaucoup de mal à triompher. Cependant Djéhanguir fut pris et amené à Péking, où il subit le supplice le plus cruel; après quoi sa tête fut exposée.

A la suite de cette révolte du Turkestan, eut lieu un petit soulèvement à Formose, lequel fut vite réprimé; puis une rébellion de tous les indigènes (Miao tseu) du Kouang Tong, du Kouang si et du Hounan. Cette dernière fut terrible et exigea l'envoi de deux hauts commissaires. Nombre de soldats et de mandarins y laissèrent la vie. Mais il faut ajouter que le soulèvement avait précisément pour cause les mauvais traitements que mandarins et soldats chinois faisaient subir aux malheureuses populations indigènes.

Lord Napier et les Anglais (1834).

C'est sous ce règne que devaient commencer les difficultés avec les Anglais tout d'abord, puis avec les différentes puissances européennes, notamment la France, difficultés qui devaient conduire la Chine, à travers des chocs de toute nature, à la situation critique où elle se trouve aujourd'hui.

Depuis un siècle, les Portugais, les Hollandais et les Anglais faisaient un commerce minime dans la rivière de Canton; les autorités chinoises leur suscitaient des ennuis de tous les instants, et, après avoir subi bien des affronts, les Anglais se décidèrent à envoyer enfin Lord Napier comme surintendant du commerce, en 1834.

Le vice-roi Lu ne voulut pas entendre parler de recevoir Lord Napier et de traiter avec lui, et lança une proclamation pour empêcher toute relation des Chinois avec les Anglais. Les maisons anglaises de Canton furent même entourées de soldats chinois. C'est alors que deux frégates furent envoyées à Whampou, mais aucun résultat ne fut atteint. Les forts seuls furent détruits et Lord Napier, attendant de nouvelles instructions, se retira à Macao où il mourut en 1834.

Davis lui succéda et il essaya de tous les moyens pour amener son gouvernement à agir avec énergie en Chine. Mais le gouvernement anglais ne prenait pas encore position et tergiversait toujours. Une autre difficulté alla't surgir : celle de l'opium. La consommation en était devenue telle que la contrebande en était elle-même devenue considérable, et que ni les Anglais, ni les Chinois ne pouvaient arriver à l'empêcher; à tel point que le surintendant anglais G. Robinson, qui succéda à M. Davis, avait suggéré à Lord Palmerston (en février 1836) l'idée de supprimer dans l'Inde la plantation du pavot.

Le capitaine Elliott, qui succéda à M. Robinson comme surintendant, compliqua encore la situation; las, en effet, de toutes les puérilités employées des deux côtés au sujet de la demande de passeports (les Chinois exigaient le mot *pin*, supplique, et les Anglais ne voulaient pas l'admettre), il consentit à écrire au vice-roi de Canton en employant le caractère *pin*. Cette condescendance fut inutile, car, en recevant sa lettre, le vice-roi refusa d'entrer en relations avec lui et Elliott, amenant son pavillon, se retira à Macao.

En plus de ces difficultés, la contrebande de l'opium prenait de telles proportions qu'au début de l'année 1839 le cabinet de Péking décida de mettre un terme au commerce même de l'opium. Afin d'assurer l'exécution de cette mesure, Lin fut nommé commissaire spécial et grand amiral, avec tous les pouvoirs nécessaires. C'était un homme intelligent et d'une volonté de fer.

Huit jours après son arrivée à Canton, le 18 mai 1839, Lin demanda aux marchands étrangers de lui livrer tout l'opium qu'ils possédaient; puis il fit entourer les maisons européennes par des soldats et par des jonques de guerre. Mis dans l'impossibilité de résister, étant, de plus, privés des provisions de bouche les plus nécessaires, les négociants furent obligés de livrer l'opium, ce qui fut fait par l'entremise d'Elliott, et toute la communauté anglaise quitta Canton pour se rendre à Macao.

Bien accueillis, d'abord par les Portugais, ils songèrent à faire de Macao leur centre commercial; mais Lin fit si bien que le gouverneur portugais créa des ennuis aux Anglais et ceux-ci se retirèrent sur leurs bateaux pour aller jeter l'ancre à Hong kong.

Les conditions exigées par Lin pour faire le commerce à Canton étaient impossibles, et ne furent pas acceptées; furieux, Lin donna trois jours aux bateaux anglais pour quitter la Chine et fit mine de vouloir les attaquer avec ses jonques. Mais le *Volage* et l'*Hyacinth*, de la marine royale, brûlèrent ou coulèrent en un clin d'œil les jonques de Lin.

Celui-ci, de même aussi que le gouvernement chinois, persistant dans leur obstination, le gouvernement britannique se décida, en juin 1810, à envoyer dix-sept navires et quatre mille hommes et, le 10 janvier 1811, un traité fut conclu qui cédait Hong kong aux Anglais et leur donnait six millions de dollars d'indemnité. Canton devait, en outre, être ouvert au commerce.

Mais le commissaire Ki, qui avait signé ce traité, fut désavoué à Péking, et les Chinois, incapables dans leur orgueil de comprendre leur impuissance, recommencèrent les hostilités.

Sir Henry Pottinger était venu remplacer Elliott.

La flotte anglaise résolut d'agir d'une façon très ferme, et occupa Amoy, les Tchou san et prit Wou song. Le *Cornwallis*, vaisseau de la flotte royale, remonta même jusqu'à Nanking qu'il s'apprêtait à bombarder, lorsque les trois délégués de l'Empereur, Ki yin, Ili pou et Nicou kien, se résolurent à traiter (1812).

Il est hors de doute que les difficultés qui se sont élevées entre la Chine et l'Angleterre se seraient produites fatalement par suite de l'arrogance et de la mauvaise foi chinoises. Il n'en est pas moins vrai, cependant, que la question de l'opium a rendu la crise plus aiguë, et ce sera toujours la honte de l'Angleterre d'avoir obligé, par la force, la nation chinoise à s'empoisonner.

L'année 1844, les Américains signèrent un traité le 3 juillet, et les Français, le 23 octobre.

Tout semblait marcher à souhait et des consulats anglais avaient été déjà créés à Amoy et Changhaï; Canton seul répugnait toujours à laisser les étrangers venir s'établir. Aussi, après des vexations répétées, Sir John Davis résolut-il de faire une expédition. Le 1ᵉʳ avril 1847, les bateaux anglais attaquèrent de nouveau Canton, mais sans autre résultat que de détruire les forts; la population, décidément hostile, assassina six Anglais, et Canton n'était toujours pas accessible.

Sur ces entrefaites, des révoltes surgirent dans le Turkestan. Des bandes de pirates désolaient les mers et les ports du Sud et les sociétés secrètes n'attendaient qu'un moment pour soulever une révolte.

Tao kouang mourut en 1850, laissant l'Empire dans un état de faiblesse telle que s'il n'avait pas été, ainsi que nous le verrons, sauvé par ces mêmes barbares qu'il méprisait tant, la dynastie mandchoue ne serait plus aujourd'hui sur le trône.

V

De Chien Fong à Kouang Siu.

Chien Fong (1851-1862).

C'est au milieu des plus grands soucis de toute sorte que ce jeune homme de 19 ans monta sur le trône. Les actes de guerre auxquels les Anglais s'étaient livrés n'avaient rien appris aux Chinois, et ils continuèrent à traiter les Européens comme de simples vassaux.

A côté des difficultés sérieuses qu'ils se créaient bénévolement avec les étrangers, les gouvernants chinois eurent à lutter contre des ennemis intérieurs, les Taï ping.

Ayant pris naissance dans la province du Kouang si vers 1850, la révolte des Taï ping, avec, à sa tête, un certain Hong sieou tsouen, s'étendit comme une traînée de poudre sur la Chine entière et principalement dans les provinces du Yang tse.

Hong sieou tsouen, le chef du mouvement, était le fils d'un fermier, et était né en 1813. En 1833, il essaya de passer ses examens à Canton, mais il fut refusé. Pendant qu'il résidait dans cette dernière ville, il eut l'occasion d'avoir en sa possession un certain nombre de brochures sur le christianisme, mais il les mit de côté. Navré de n'avoir pu passer ses examens, il tomba malade et vit, dans son délire, un homme qui lui remit un sabre pour combattre et détruire tous les êtres humains qui s'étaient écartés de la bonne voie. Ce songe devait avoir une grande influence sur sa vie future.

Vers 1843, il essaya à nouveau, de passer ses examens. Mais il fut, une seconde fois, refusé. C'est alors qu'il se décida à lire les brochures chrétiennes qu'il avait depuis si longtemps en sa possession. Il y vit une corrélation avec le songe qu'il avait eu, et se crut, dès lors, destiné à être le souverain de la Chine. Il se fit une sorte de christianisme spécial et se mit à détruire les idoles. Il prêcha, et convertit un nommé Yun chan. Ce dernier obtint un brillant succès et en peu de temps eut deux mille convertis. Tous deux préparaient en silence leur plan de révolte: mais les choses, malheureusement pour eux, furent brusquées par les mandarins eux-mêmes qui voyaient d'un mauvais œil toutes les réunions provoquées par les deux amis.

Alors commença la destruction des temples, la lutte contre l'autorité, et deux commissaires, Sai sang ah et Ta hung ah furent désignés pour réprimer la révolte.

Mais les troupes impériales furent battues partout; les Taï ping s'emparèrent de Nanking en 1853, en firent leur capitale et ce ne fut qu'en 1864, grâce au secours des Européens et notamment de l'Anglais Gordon, que la rébellion fut anéantie.

Neuf provinces avaient été ruinées; des millions de vies humaines avaient été sacrifiées.

Si l'on regarde en arrière, si l'on réfléchit aux événements qui se sont succédé en Chine depuis que les Européens sont en contact plus direct avec les Célestes, on se demande si les premiers n'ont pas commis une grave faute en prenant parti pour la dynastie mandchoue contre les Taï ping. Ils ont aidé, en effet, ce faisant, à la consolidation d'un empire qui, sans eux, se serait, sans doute, morcelé, à leur grand bénéfice, et qui, au contraire, aujourd'hui, mené par le Japon et entretenu par les Japonais dans la haine de l'Occident, menace de devenir un péril sérieux pour toute l'Europe.

Pendant ce temps, les affaires ne marchaient toujours pas à Canton et, le 8 octobre 1856, le vice-roi Yé ming tching avait arrêté seize matelots de la jonque britannique *Arrow*. Après des pourparlers sans but, les Anglais attaquèrent Canton avec l'aide des Français; Yé fut pris et envoyé dans l'Inde où il mourut.

En 1858, le blocus de Canton fut levé; mais les puissances alliées, exigeant une satisfaction de la cour même, firent avancer leurs flottes devant Takou. Affolée, la cour signa le traité de Tien Tsin (1858). Cependant les ratifications nécessaires ne se faisaient pas. et Lord Elgin pour les Anglais, le baron Gros pour les Français, étaient résolus à continuer la lutte. Une troupe de dix mille Français et d'autant d'Anglais s'assembla le 1er avril 1860 et marcha sur Péking.

Les batailles de Tchang kia ouan et de Pa li kiao brisèrent la résistance du fameux San ko lin tsin; Péking fut occupé et le Palais d'Eté saccagé et brûlé.

Le prince Kong signa alors, au nom de l'Empereur, la ratification du traité de Tien Tsin et la convention additionnelle de 1860.

Quant à l'Empereur Chien Fong, qui s'était réfugié à Jéhol, en Mongolie, il n'en revint pas et y mourut le 17 août 1861.

Ce fut son fils, un enfant de 6 ans, qui monta sur le trône sous le nom de Tong tche; le prince Kong prit en mains les rênes du gouvernement.

Tong tche (1862-1875).

Une émeute, vite réprimée par le prince Kong, fut la première affaire du règne de Tong tche. Le prince, une fois bien établi, songea à se créer une armée et une marine; un Anglais, M. Lay, avait déjà organisé le corps des Douanes, et il fut chargé de demander à Londres huit bateaux et des armes. Ces bateaux furent envoyés, mais, faute d'entente sur la manière dont ils devaient être employés, M. Lay quitta le service et fut remplacé par Sir Robert Hart, lequel organisa le brillant service des Douanes, qui donne actuellement les seuls revenus sérieux à l'Empire chinois.

En 1867, une mission chinoise fut envoyée en Europe sous la conduite de M. Burlingham, ancien ministre des États-Unis à Péking, afin d'établir de meilleures relations d'amitié avec les puissances occidentales. Malheureusement les massacres de Tien Tsin survinrent en 1870; là périrent le consul de France, dix-huit sœurs de Saint-Vincent-de-Paul et quelques étrangers.

L'année 1873 vit la répression de la révolte des mahométans du Kan sou par Tso tsoung tang, général de grande valeur et dont le nom devait, d'ailleurs, devenir célèbre dans toute la Chine. Il prit la ville de Sou tcheou, dernier rempart des rebelles, et traita en vrai barbare les mahométans qui lui tombaient sous la main.

Cette même année vit également la révolte dite des Pou thays. C'était une tribu mahométane qui, profitant de la révolte des Taï ping, s'était, depuis 1867, déclarée indépendante et avait fait de Tali fou sa capitale.

La ville fut prise par les soldats impériaux, fut ravagée et les habitants en grande partie massacrés.

En 1874, une complication surgit avec le Japon, laquelle faillit allumer la guerre. Des pêcheurs japonais avaient été maltraités sur les côtes de Formose et le gouvernement de Tokio, demandait en vain à Péking la punition des coupables. Lassé, il envoya le général Saïgo avec quelques bataillons qui ravagèrent les côtes.

Mais le ministre britannique, Sir Thomas Wade, arrangea les choses et les craintes de ruptures s'évanouirent.

Une affaire, plus grave pour la Chine, survint en 1875. Ce fut l'assassinat du consul Margary, lequel était envoyé en mission du côté de Bahmo pour s'entendre avec le général Li au sujet des rapports commerciaux de ce côté de la frontière.

Tong tche était mort sur ces entrefaites.

Kouang-Siu (1875-10...).

Quand la nouvelle de la mort de Margary arriva à Londres, il y eut une grande indignation. Cependant l'Angleterre se contenta de signer le 13 septembre 1876, à Tche Fou, avec Li Hong Tchang, une convention cotant à 200.000 taëls la vie de Margary et ouvrant quatre nouveaux ports au commerce britannique sur le Yang tse.

La même année 1876 vit la répression de la révolte du Turkestan et la reprise de tout le Turkestan chinois, sauf une bande de terre qui fut cédée à la Russie à la suite de la mission de Tchong Heou, d'abord, et du marquis Tseng ensuite.

L'impératrice douairière de l'Est mourut en 1881, et, cette année-là aussi, la Corée fut autorisée à traiter avec les puissances étrangères.

Dans les années suivantes eurent lieu, depuis 1882 jusqu'en 1885, les campagnes brillantes des Français pour occuper définitivement le Tonkin. C'est à cette occasion que se distingua principalement l'amiral Courbet, à Bac Ninh et à Sontay et dans les passes de la rivière Min à Fou tcheou.

Finalement le traité de 1885 remettait pour jamais le Tonkin dans les mains de la France.

La paix était revenue et aucun nuage n'était à prévoir à l'horizon, lorsqu'en 1894, des discussions aigres commencèrent entre le Japon et la Chine au sujet de l'indépendance de la Corée. Les Chinois ayant envoyé des troupes à Séoul, les Japonais se hâtèrent d'en envoyer également et le choc se produisit en avril 1894. Une déclaration de guerre s'ensuivit et les Japonais, pendant près d'un an, tinrent la Chine à leur merci. C'est alors que l'Europe vit que la Chine n'était qu'une façade et que ce grand empire n'offrait et ne pouvait offrir aucune résistance.

Ping yang, Port Arthur, Wei hai wei, le combat naval du Yalou furent de brillantes victoires japonaises. Mais lorsqu'il s'agit de traiter et que les Japonais voulurent garder un pied sur le continent, la Russie, l'Allemagne et la France s'y opposèrent. Toutefois, Formose et les îles Pescadores furent cédées aux Japonais par les Chinois.

Les compétitions européennes alors s'abattirent sur la malheureuse Chine; de tous côtés on la tirailla; on exigea des concessions de mines, de chemins de fer; des syndicats de toutes sortes assiégèrent le Tsong li ya meun.

En 1897, l'attaque des Allemands sur Kiao tcheou, la prise de Port-Arthur par les Russes, celle de Wei hai wei par les Anglais et de Kouang tcheou ouan, par les Français mit le comble à l'exaspération de la cour et des ministres. C'est alors que prit naissance cette espèce de mouvement patriotique qui éclata en 1900 et qui nécessita, après le siège des Légations par les Chinois, l'envoi des troupes alliées à Péking.

Les résultats de cette expédition ont été plutôt stériles, et la Chine semble retombée de nouveau dans son ordinaire apathie.

Elle laisse faire des chemins de fer, exploiter des

mines, mais elle n'est pas encore arrivée à saisir le sens de la civilisation occidentale.

Elle y semble réfractaire et ne pourra sans doute l'admettre que lorsqu'une secousse terrible aura rasé les principes mêmes de la civilisation chinoise, de la famille chinoise, du gouvernement chinois.

Cette secousse arrivera-t-elle ?

VI

La population et les différentes races.

La question de la population de la Chine a toujours été une question embarrassante; et, par suite de l'absence de données suffisantes, impossible à résoudre d'une manière satisfaisante. Le cens est fait par des gens si peu au courant, si peu consciencieux, si ignorants même, qu'on ne peut guère compter sur la précision des chiffres donnés.

Comme documents officiels nous n'en avons aucun avant le XV° siècle; et, d'ailleurs, ainsi que je viens de le dire, il n'y faudrait avoir qu'une confiance médiocre. Pour la période ancienne, jusque vers 1280, c'est l'historien Ma touan lin qui nous fournit, dans ses *Recherches sur l'Antiquité*, les chiffres de la population de l'Empire, qu'il estime à quatorze millions d'individus. Mais ces chiffres ne comprennent que les personnes entre 15 et 65 ans, et de plus, excluent tous ceux qui sont au service de l'État.

La population totale paraît donc être d'environ 18.000.000. Sous la dynastie des Han et des Han postérieurs, elle resta stationnaire, mais, vers 606, elle monta à 46 millions.

Sous la dynastie des Tang (618-907), nous avons quinze recensements fournis par l'historien Ma. Le dernier donne 70 millions.

Lorsque tomba la dynastie des Tang, des troubles désolèrent le pays pendant la période des *cinq dynasties*, ce qui retarda de nouveau l'augmentation de la population; mais, avec la dynastie des Song, la richesse et la prospérité revinrent et, vers 1102, nous voyons la population chinoise monter jusqu'à 100 millions.

Les invasions des Tartares *Kin* et les désastres qui suivirent leurs succès; la retraite de la cour à Nanking, eurent un effet si considérable, qu'en 1223, nous ne trouvons plus que 63 millions d'habitants pour tout l'Empire.

Les invasions des Mongols et les massacres commis par leurs hordes conquérantes diminuèrent encore la population, qui n'était plus, vers l'an 1300, que d'environ 60 millions.

Pendant la dynastie des Ming, de 1381 à 1580, seize recensements furent faits qui donnèrent une population d'environ 56 millions; le plus élevé donne 66 millions en 1412 et le plus bas 46 millions en 1506. Mais nous n'avons aucun moyen de contrôler sérieusement ces chiffres : les recensements en Chine sont faits d'une façon telle qu'il est absolument impossible d'accepter ces chiffres comme rigoureusement exacts, et il faut se contenter de les accepter comme des à peu près.

Pendant les différents règnes de la dynastie actuelle, divers recensements ont été opérés, qui ont donné :

En 1711, 28.600.000 (1);
En 1753, 103.050.000 (2);
En 1792, 307.000.000 (2);
En 1812, 361.000.000 (2);
En 1881, 380.000.000,

ainsi qu'il ressort de la statistique de la douane chinoise.

---

(1) Pourquoi ce petit nombre ? Les hommes valides seuls sans doute ont été recensés.

(2) Ces trois chiffres sont donnés par le *Chinese repository*, revue américaine protestante publiée à Changhaï.

Ce dernier chiffre est sans doute celui que l'on peut considérer comme le plus certain. Actuellement, en effet, les opérations du cens sont faites avec plus de facilité et plus de soins qu'autrefois, et les mandarins ont les moyens de connaître à peu près exactement le chiffre de la population de l'Empire. Celui-ci ne comprend que les dix huit provinces de la Chine propre, à l'exclusion du Turkestan, du Thibet et de la Mongolie dont on n'a jamais connu la population exacte.

Ce chiffre de 380.000.000 lui-même, pour les dix-huit provinces, est-il bien certain ? N'est-il pas exagéré ? Certes, je reconnais que, dans les provinces maritimes, et le long des grands fleuves, la Chine est très peuplée. Mais j'ai beaucoup voyagé dans l'intérieur du pays; j'ai parcouru le Houpé, le Yunnan, le Kouang si, les provinces au nord du Yang tse, et j'ai vu bien des terres incultes, bien des solitudes inhabitées. Je me suis souvent demandé si l'on n'exagérait pas la population de la Chine, inconsciemment; ce pays immense devant, à l'imagination, paraître naturellement très peuplé.

Quoi qu'il en soit de cette réflexion, il est hors de doute que la population de la Chine est numériquement fort respectable.

On peut dire qu'aujourd'hui la population de la Chine est homogène; les différentes races sont fondues et la Chine impériale des Tang, des Han et des Ming a imposé aux peuples conquis sa langue, ses mœurs, sa civilisation. Et l'ensemble en est si bien coordonné, si fort, si irrésistible, que ses conquérants eux-mêmes, les Mongols d'abord avec Koubilaï khan, les Mandchoux ensuite avec Kang hi, ont été pénétrés de la culture chinoise et sont devenus absolument chinois.

Primitivement, au début, dans le lointain passé de ce vieil empire, le Chinois occupait les basses rives du

Hoang ho et de la Hoai jusqu'au Yang tse kiang; ils venaient de pays plus au nord, ceux qui forment aujourd'hui les provinces du Honan, du Chansi. Mais où avait pris naissance cette première tribu de Chinois ? Il est impossible de le déterminer d'une façon certaine.

Quoi qu'il en soit, c'est dans ce coin actuel de l'Empire chinois que s'est développée la civilisation chinoise, et c'est de là qu'elle partit pour s'étendre vers le Sud et soumettre à ses lois l'immensité des dix-huit provinces actuelles.

Cela ne se fit pas sans luttes et, si la Chine paraît aujourd'hui avoir un profond mépris pour les choses de la guerre, il n'en était pas de même autrefois lorsqu'elle était obligée de vaincre pour annexer et absorber les territoires dont ses enfants très prolifiques avaient absolument besoin.

Les fastes militaires de la Chine sont aussi riches que ceux de n'importe quel empire d'Occident.

Les provinces centrales (aujourd'hui Houpé, Hounan, Ngan houeï, Kiang si, Kouei tcheou, Sse tchouen) furent les plus faciles à conquérir et furent incorporées à l'Empire par la dynastie des Tsin et celle des Han (vers 250-150 av. J.-C.).

La province actuelle de Canton et les provinces rivorainos du Fou kien et du Kiang sou ne sont définitivement chinoises que depuis l'an 100 av. J.-C.

Quant au Yunnan, il a été pendant longtemps absolument indépendant et ce n'est que l'empereur mongol Koubilai khan qui songea le premier à l'unir à l'Empire d'une façon effective.

A l'heure qu'il est, au bout de tant de siècles, la fusion est faite, et ce n'est que dans les provinces du Sud qu'on trouve encore des tribus indigènes.

Les régions montagneuses du nord-ouest du Kouang

si renferment de nombreux clans de Miao tse. Ils se disent fils du sol. Il est très remarquable de constater que ces tribus ont conservé leur indépendance pendant si longtemps et jusqu'à ce jour ; quelques-unes, cependant, se sont soumises aux Chinois. Ceux qui, au sommet de leurs montagnes presque inaccessibles, résistent à l'assimilation chinoise sont dénommés par les Chinois *cheng miao tse*, ou *crûs*, c'est-à-dire sauvages; les autres *chou* ou *mûrs*, c'est-à-dire civilisés.

Ces individus présentent, d'ailleurs, un physique tellement différent de celui des Chinois qu'on peut, en effet, penser qu'ils sont bien les premiers habitants du sud de la Chine, chassés et traqués par la conquête. Ils sont plus petits, ont le cou court et le visage très anguleux. Ils sont divisés en plusieurs tribus et n'ont été que peu touchés de la civilisation chinoise qui les enserre de toutes parts.

Les Hakkas, qu'on trouve en nombre considérable dans tout le sud du Kouang si, comme, d'ailleurs, au Kouang Tong, et dont on rencontre des spécimens dans la population de Formose et de Hainan, ont fait couler beaucoup d'encre et personne n'est fixé sur leurs origines. Ils paraissent cependant avoir beaucoup d'affinité de mœurs avec les Malais et, par suite, avec les Thaï et les Japonais. Il est donc parfaitement possible qu'ils viennent de la même souche, mais qu'ils se soient modifiés dans un autre sens, se trouvant dans un autre pays et en contact avec d'autres individus. Ils ont gardé leur langue et leurs superstitions. Leur caractère pillard, avide de combats, est la cause des mouvements continuels de révolte qui éclatent à tous moments au Kouang si et contre lesquels l'autorité impériale paraît absolument impuissante.

Au Yunnan, on trouve des populations indigènes

presque encore intactes, et dont certaines ont encore maille à partir avec l'administration chinoise. Les Thaï, race à laquelle appartiennent les Siamois et les Laotiens, sont encore les maîtres des plateaux et des vallées du Sud yunnanais. Les Chinois les nomment *Paï*, et les distinguent en *Han Paï* ou *Paï secs*, habitant les plateaux; et *Choueï Paï* ou *Paï humides*, vivant sur le bord des rivières.

Toutes ces populations parlent la langue thaï, c'est-à-dire la langue siamoise et laotienne.

Les *Lolos*, autre tribu aborigène, occupent encore certaines régions du Yunnan, vers la haute Rivière Noire, et du côté de Mong tse.

Les *Ming kia* ou *Ming yeng* peuplent tout le pays aux environs de Talifou.

Et, enfin, quelques tribus thibétaines se rencontrent sur la frontière occidentale du Sse tchouen.

Toutes ces populations aborigènes sont, il faut le dire, complètement noyées dans le flot chinois, et si on les distingue encore des Célestes par leur langue et leurs usages, cependant elles se laissent facilement mener par leurs conquérants, et elles finiront par s'assimiler complètement.

Le type le plus curieux au point de vue population est le type du Chinois musulman, qui habite une grande partie du Yunnan et du Kan sou. Aussi je crois devoir ajouter ici quelques détails sur ceux du Yunnan que j'ai spécialement connus.

VII

Les Musulmans en Chine.

A côté des populations de races si diverses qui habitent le Yunnan, et des Chinois venus des différentes provinces pour chercher fortune au pays du « Sud nuageux », il existe aussi une population musulmane, d'aspect complètement chinois au point de vue extérieur, mais absolument différente de ses congénères de l'Empire du Milieu au point de vue moral. Ce sont les musulmans. Ils ont été pendant longtemps un gros souci pour l'Empire, mais aujourd'hui sont soumis complètement et n'offrent plus rien à craindre au Fils du Ciel.

Je ne puis mieux faire, au reste, que de répéter ici ce que, dans la *Revue d'Asie* d'août 1902, j'ai dit à ce sujet (1) :

« A Sse mao seize familles qui, d'ailleurs, sont toutes unies par les liens de la parenté, vivent dans une enceinte unique, sur un petit mamelon hors de la porte de l'Est, précisément à côté de la pagode qui abrite le consulat de France. Comme lieu de réunion servant de mosquée ou plutôt de lieu de prières, ils ont, dans ladite enceinte, une vaste chambre à la chinoise ornée simplement de versets du Coran sur papier rouge, et tous les jours, trois fois par jour, ils se réunissent là pour la prière.

---

(1) *Revue d'Asie,* août 1902.

, » La maison des musulmans est reconnaissable en ce que la porte en est toujours ornée de sentences arabes; la plus commune est celle qu'on peut appeler le credo des musulmans : *la allah ilah allah ou mohamed ressoul allah* qu'ils inscrivent en lettres arabes dans un petit cercle, sur une feuille de papier blanc ou rouge, sur la porte principale, ou bien, simplement, dans un carré de papier rouge ils inscrivent le nom d'Allah.

» Il est bon de noter le papier rouge, habitude chinoise. La couleur rouge, en Chine, indique le bonheur.

» En Chine, les musulmans ne se distinguent des autres Chinois par aucune coiffure ou costume spéciaux; ils vivent exactement comme tout le monde, mais ils suivent, au point de vue moral et matériel, tous les préceptes du Coran. Ainsi ils se livrent très exactement à la prière suivant les usages fixés par la loi. Ils s'abstiennent de porc et c'est même grâce à eux que les Européens peuvent se procurer de la viande de bœuf; ils s'abstiennent également de vins et d'alcools et, en général, observent fidèlement leur religion.

» A Sse mao, ils possèdent une petite bibliothèque de vingt volumes environ, en arabe, sur l'explication de la doctrine.

» Et ils ont un fort bel exemplaire du Coran qu'ils n'ont jamais voulu me laisser voir autrement qu'à l'extérieur. Est-il d'usage de ne pas laisser voir la loi à un infidèle ? N'ayant connaissance des pays musulmans que par les livres, je l'ignore; mais le fait est que le chef Ma kia yuan a insisté pour que je ne visse pas le Coran. Je l'ai fait lire alors dans d'autres livres et j'ai vu qu'il lisait facilement. Comprend-il tout ? C'est une autre question et la chose est, pour moi, bien difficile à vérifier.

» Quelles sont les idées, quelle est l'attitude des Chinois musulmans vis-à-vis de leurs compatriotes bouddhistes et chrétiens ?

» Les chrétiens, en général, sont bien considérés par eux et le mahométan chinois n'a pas pour eux l'aversion du mahométan turc. Etant persécuté lui-même dans son propre pays, il a plutôt tendance à considérer les chrétiens comme les sectateurs d'une idée et d'une religion assez semblable à la sienne, puisque, somme toute, l'une et l'autre foi, la musulmane et la chrétienne, ont pour principe, pour base, l'adoration de Dieu, unique créateur et maître du monde.

» A ce propos, je pourrai citer un fait très curieux qui s'est passé à Nanking, en 1891; alors que j'étais dans le Yang tse kiang, au moment des émeutes, les églises catholiques de Wou hou avaient été brûlées et des bandes de brigands s'apprêtaient à brûler celles de Nanking.

» Ayant appris la chose, les musulmans de Nanking, qui étaient en bons rapports avec les Pères Jésuites, vinrent à la mission en masse, armés, et la protégèrent contre les fureurs de la foule. C'est grâce aux musulmans que la mission catholique de Nanking a été sauvée en 1891.

» Ils méprisent profondément les bouddhistes et leurs cérémonies et, contre les mandarins, on sent chez eux, dans toutes leurs paroles, une haine sourde. Le fait est qu'ils ont été horriblement massacrés, il y a trente ans, et qu'aujourd'hui encore ils sont tenus en défiance puisqu'il ne leur est pas permis d'habiter l'intérieur des villes.

» Dans le district de Tali, les musulmans sont plus nombreux; c'était autrefois un de leurs grands centres, et ils y étaient tout-puissants.

» La répression exercée par le fameux Yang yu ko au nom de l'Empereur les a réduits comme nombre et leur a enlevé toute espèce d'influence. Ils n'ont plus le droit d'avoir de maisons de prières communes; leur plus belle et plus grande mosquée, tout près de la porte Sud de Tali, a été transformée en temple confucéiste; ils sont obligés de se livrer aux exercices de leur culte dans des maisons particulières. Au reste, actuellement, le petit nombre reste à Tali; ils habitent surtout les villages environnants et exercent la profession de muletiers, bouchers, selliers et font, en général, tout ce qui concerne le métier des cuirs. Ils font aussi l'élevage des bœufs, des chèvres et des moutons.

» Beaucoup d'entre eux, imitant en cela quelques dissidents du Kan sou, se sont enrôlés, à Tali, dans les troupes de la garnison; et il est fort probable qu'ils marcheraient contre leurs coreligionnaires, comme l'ont fait en 1897 les musulmans enrôlés, au nombre de six à sept mille, dans l'armée de Tong Fou Siang, lors de la petite révolte du Kan sou.

» A Yunnan sen, ils sont également nombreux; mais, comme à Tali, bien diminués par la répression de Ma jou long qui exterminait à Yunnan sen pendant que Yang yu ko massacrait à Tali. Le séjour de la ville, ici comme partout ailleurs, leur est interdit. Ils n'ont le droit que d'y venir, mais non celui d'y résider. Aussi, c'est dans les environs, hors des remparts et dans les villages avoisinants qu'ils se trouvent. Pas de mosquées, pas de lieux de réunion; ils possèdent quelques *iman* et quelques *mollah* connaissant fort bien l'arabe; mais je n'en ai pas vu un seul ayant fait le pèlerinage de la Mecque.

» La plus grande agglomération de musulmans vit dans la cité de Tong hai, au sud de Yunnan sen. Tong hai est le grand marché de distribution des marchandises par tout le Yunnan. C'est de là que partent les caravanes se dirigeant vers Yuen kiang et Sse mao; Yunnan sen, Tchou chiong et Tali ; Yunnan sen, Tchao Tong, Soui fou. C'est de là aussi que partent les caravanes pour Mong tse et Kai hoa.

» Les musulmans, exerçant le métier de transporteurs, se trouvent nécessairement en grand nombre à ce point central de Tong hai.

» Quel est, même approximativement, le chiffre de la population musulmane au Yunnan ? Je n'ose me risquer à en donner un, fût-il approximatif.

» Cependant on peut dire que si la population du Yunnan tout entière est d'environ cinq millions d'habitants, le tiers, peut-être, est musulman. Et ce ne sont plus les musulmans d'autrefois, puissants, riches, batailleurs et décidés à se créer un royaume au Yunnan. Actuellement, ils sont sans force aucune, et même sans cohésion; au reste, les autorités chinoises les surveillent très activement et il leur serait impossible, y songeraient-ils, d'ailleurs, de se soulever à nouveau contre l'autorité chinoise.

» D'où viennent les musulmans chinois ? Question souvent agitée et qui, jusqu'à ce jour, n'a jamais été résolue. Cependant il est certain que ce ne sont pas des Chinois purs. L'opinion la plus répandue et à laquelle je me rallie, surtout depuis que j'ai parcouru et étudié tous ces pays du Yunnan, est que les musulmans chinois sont les descendants de soldats turcs appelés au service et enrôlés sur les frontières par quelque empereur ayant besoin de leurs services contre les populations autochtones. Ils se marièrent et firent souche dans le pays, n'ayant pas de peine à convertir leurs femmes à l'islamisme, à tel point qu'aujourd'hui les femmes chinoises musulmanes sont peut-être plus acharnées dans leur foi que les hommes. Il est vrai qu'elles jouissent, par l'Islam, en Chine, d'une situation plus digne que celle à laquelle généralement la femme chinoise est habituée.

» Les puissances européennes, et notamment l'Allemagne, ont cru, il y a quelques années, pouvoir compter sur les musulmans en Chine, contre leurs compatriotes non mahométans.

» Sur les conseils de Guillaume II, le Sultan de Constantinople avait même envoyé une mission sous les ordres d'Enver Pacha, lequel, au reste, ne quitta pas Chang haï et s'en retourna fort mécontent.

» C'était une erreur; les musulmans n'ont plus en Chine aucune puissance; ils sont, au reste, très surveillés et tenus soigneusement à l'écart par les autorités.

» Depuis la terrible répression de Yang yu ko et de Ma jou long ils sont brisés et sont incapables, à l'heure qu'il est, de retrouver de nouvelles forces pour une cohésion. »

VIII

Table chronologique des dynasties chinoises.

De 2637 environ avant Jésus-Christ, à 2285 : Hoang ti, Chao Hao, Tchouen Hin, Ti Kou, Ti Tchi, Yao.

2285 à 2217 : Yao, Chouen, Yu.

2205 à 1783 : Dynastie des Hia.

1783 à 1134 : Dynastie des Chang.

1134 à 255 : Dynastie des Tcheou.

255 à 202 : Dynastie des Tsin.

202 à 265 après J.-C. : Dynastie des Han.

(A noter de 220 à 264, division de l'Empire en trois royaumes.)

265 à 420 : Dynastie des Tsin.

420 à 479 : Dynastie des Song du Nord.

479 à 502 : Dynastie des Tsi.

502 à 557 : Dynastie des Léang.

557 à 581 : Dynastie des Tchin.

581 à 618 : Dynastie des Soui.

618 à 907 : Dynastie des Tang.

907 à 960 : les cinq petites dynasties : Léang postérieurs, Tang postérieurs, Tsin postérieurs, Han postérieurs, Tcheou postérieurs.

960 à 1123 : Dynastie des Song.

1123 à 1260 : Dynasties des Kin et des Song régnant simultanément.

1260 à 1295 : Dynasties des Yuen (Mongols et des Song (Chinois), se disputant le pouvoir.

1295 à 1368 : Dynastie des Yuen (Mongols).

1368 à 1616 : Dynastie des Ming (Chinois).

1616 à 19.... : Dynastie des Tsing (Mandchoux).

IX

Le Gouvernement chinois (1).

___

I. — La Cour.

Houang ti : l'Empereur, appelé aussi *Houang chang.*

Houang heou : l'Impératrice.

Houang t'aï heou : l'Impératrice douairière.

Houang koueï feï : concubine du premier rang.

Koueï feï : concubine du deuxième rang.

Feï : concubine du troisième rang.

P'in : concubine du quatrième rang.

Koueï jen : concubine du cinquième rang.

Ta ying : domestiques féminines de l'Empereur.

T'aï tse : le Prince héritier.

Houang tse : Prince impérial, fils d'empereur, ou bien *a ko* (mantchou : *ageh*). Quand on les désigne par leurs titres, on les nomme *Tsin ouang* (par exemple : le prince King : *King tsin ouang.*

Koung tchou : princesse impériale.

Kou loung koung tchou : princesse impériale fille d'une concubine de premier rang (mantchou : *gouroun*).

Ho che koung tchou : princesse impériale, fille d'une concubine de second rang.

Ngo fou : mari d'une princesse impériale.

Fou tsin : femme d'un prince impérial.

Les titres nobiliaires conférés aux membres de la famille impériale sont au nombre de douze. Les princes

___

(1) Traduit des documents officiels et des annuaires de la cour et du gouvernement de Pékirg.

et chefs mongols reçoivent également des titres de différents degrés. Les voici par ordre :

Ho che tsin ouang : prince du premier rang.

To lo kiun ouang : prince du deuxième rang.

To lo peï lé : prince du troisième rang.

Kou chan peï tse : prince du quatrième rang.

Feung ngen tchen kouo kong : duc impérial du premier rang.

Feung ngen fou kouo kong : duc impérial du deuxième rang.

Pou jou pa feun tchen kouo kong : duc impérial du troisième rang.

Pou jou pa feun fou kouo kong : duc impérial du quatrième rang.

Tchen kouo tsiang kiun : noble impérial au neuvième degré.

Fou kouo tsiang kiun : noble impérial au dixième degré.

Feung kouo tsiang kiun : noble impérial au onzième degré.

Feung ngen tsiang kiun : noble impérial au douzième degré.

Tous ces titres sont transmissibles mais en diminuant d'un rang chaque fois, à l'exception des titres accordés aux descendants des princes qui ont aidé à la conquête de la Chine du Nord. Chez ceux-ci les titres sont héréditaires sans abaissement de rang. On les appelle *Tié mao tse ouang* ou princes au chapeau de fer.

Tsoung che : descendant de la famille régnante; a droit à la ceinture jaune.

Kio lo : descendant collatéral de la famille régnante; a droit à la ceinture rouge.

Ouang fou : palais d'un prince impérial.

Tchang che : archiviste.

Sse i tchang : majordome.

Hououei : officier des gardes du corps (quatre rangs).

Tien i : assistant majordome (quatre rangs).

Pao i : serf, esclave.

Pao i t'sang ling : chef des esclaves.

Pao i tso ling : sous-chef des esclaves.

Che tse : fils d'un prince impérial du premier rang.

Tchang tse : fils d'un prince impérial du second rang.

Kiun tchou : fille d'un prince impérial du premier rang.

Chien tchou : fille d'un prince impérial du second rang.

Kiun kiun : fille d'un prince impérial du troisième rang.

Chien kiun : fille d'un prince impérial du quatrième rang.

Chiang kiun et *K'e k'e :* fille d'un noble impérial.

Voici les huit noms des familles princières qui ont des titres héréditaires à perpétuité :

Li tsin ouang : prince de Li.

Joui tsin ouang : prince de Joui.

Yu tsin ouang : prince de Yu.

Sou tsin ouang : prince de Sou.

Tseng tsin ouang : prince de Tseng.

Tch'ouang tsin ouang : prince de Tch'ouang.

Chouen tch'eng kiun ouang : prince de Chouen tch'eng.

K'o k'in kiun ouang : prince de K'o k'in.

I tsin ouang : prince de I.

TSOUNG JEN FOU : administration impériale.

Tsoung k'ing : le président (un prince impérial).

Fou tch'eng : vice-président.

Li che kouan . commissaire.

Fou li che kouan : sous-commissaire.

King li : archiviste.

Koung fang : prison de la famille impériale.

Houang tang fang : département des archives impériales.

NAI OU FOU : maison impériale.

Tsoung kouan ta tchen : ministre président.

T'ang lang tchoun : secrétaire.

Tchou che : aide-secrétaire.

Oueï chou tchou che : deuxième aide-secrétaire.

Kouang tch'ou sse : trésor privé.

Ying kou : magasin des bijoux.

Ts'se kou : magasin de la porcelaine.

Touan kou : magasin de la soie.

I kou : garde-robe impériale.

Tch'a kou : magasin du thé.

Tche jen kin : fabrique et teinturerie.

Tou yu sse : bureau du personnel et de la comptabilité.

Tchang i sse : adoration du ciel, sacrifices, cérémonial, contrôle des eunuques, avec de nombreux secrétaires et sous-secrétaires, et une annexe, le *kouo fang*, chargé spécialement des offrandes.

Chen fang : département religieux.

King feung sse : département des troupeaux et bestiaux à l'usage du palais.

Houeï ki sse : comptabilité des bannières.

San ki tch'ouang t'eou tchou : département veillant aux propriétés des trois bannières impériales.

Ying tsao sse : département des travaux et constructions.

Chen king sse : département de la justice. Seul tribunal jugeant les affaires des trois bannières.

✗ *Kouan chia fan yi tch'ou :* département de la police, ayant le contrôle des eunuques.

Nai san k'i : les trois bannières du palais, fournissant trois brigades pour la garde de la cour.

Kouan fang tch'ou : contrôle du personnel en service auprès de l'Empereur.

San yuan : les trois cours, comprenant : 1° *chang sse yuan,* les haras; 2° *ou peï yuan,* l'arsenal; 3° *feung tchen yuan,* les parcs et chasses.

Yu tch'a chan tch'ou : fourneaux et cuisines.

CHE OUEI TCH'OU : garde impériale.

Tsin kiun yin : gardes du corps.

Lin che ouei nai ta tch'en : surintendants des gardes, au nombre de six.

Nai ta tch'en : sous-intendants, au nombre de six.

San tch'e ta tchen : aides-intendants, sans nombre déterminé.

Che ouei pan ling : capitaine des gardes.

Che ouei che tchang : lieutenant des gardes.

Che ouei : officiers des gardes.

Lan ling che ouei : sous-officiers des gardes.

Tsong che che ouei : gardes.

Tsin chiun hiao : sergents-majors du palais.

Chou tsin chiun hiao : sergents du palais.

Ouei chou tsin chiun hiao : caporaux du palais.

Yu tsien ta tchen : grand chambellan.

Yu tsien che ouei : gardes de l'antichambre.

Yu tsien ching tseou : princes mongols ayant droit d'entrée devant l'Empereur.

Heou hov ta tchen : chambellans à la suite, au nombre de deux.

Tsien yin ta chen : chambellans d'avant-garde, au nombre de dix.

Pao ouei pan che ouei : gardes d'escorte.

TSEOU CHE TCH'OU : cabinet privé de l'Empereur.

Ce département est chargé des communications entre le souverain et le grand conseil lorsque ce dernier n'est pas en service auprès de Sa Majesté. Il est divisé en deux sections : l'une pour les documents chinois et mandchoux; l'autre pour les documents mongols.

Louan i ouei : équipages impériaux, avec de nombreux commissaires, contrôleurs et assistants.

Tong si ling : mausolées impériaux.

Ces mausolées, situés à quelque distance de Péking, renferment les dépouilles mortelles de *Chouen tche, Kang chi, Yong tcheng, Kien long, Kia king, Tao kouang, Hien Feung, Tong Tche* et leurs impératrices. Quelques-uns ont subi des dégâts pendant l'occupation des troupes alliées en 1900-1901.

Administration centrale.

Le gouvernement de la Chine comprend, outre l'administration des dix-huit provinces de la Chine propre (*Che pa cheng*), la direction des trois provinces mandchoues de Ki lin, Feung tien et He loung kiang, et des pays tributaires tels que le Thibet, le Turkestan, la Mongolie et le Népaul.

Il a à sa tête le *kiun ki tch'ou,* ou grand conseil, qui est le conseil privé du souverain et traite les affaires en sa présence entre 4 et 6 heures du matin. Il est composé de ministres appelés *kiun ki ta tchen* et de six secrétaires nommés *tchang king* ou *siao kiun ki.*

Vient ensuite le *nai ko,* chancellerie impériale, comprenant quatre grands secrétaires ou *la chio che*, dont deux sont mandchous et deux sont chinois; *chié pan la chio che* deux grands secrétaires adjoints dont un mandchou et un chinois.

Viennent ensuite les archivistes, secrétaires, traducteurs mandchous et traducteurs chinois.

Ouaï ou pou : département des affaires étrangères, lequel a succédé en 1901, après l'affaire des Boxeurs, à l'ancien *tsong li ko kouo che ou ya meun.*

Li pou : département des services civils.

Hou pou : département des finances.

Li pou : département des rites et cérémonies.

Ping pou : département de la guerre.

Ching pou : département de la justice.

Kong pou : département des travaux publics.

Yao pou : département de la musique, mais faisant partie du département des cérémonies.

Ces départements ont à leur tête des présidents nommés *chang chou* et des vice-présidents nommés *che lang.* Ils sont divisés en une série de bureaux ou secrétariats, exactement comme les ministères européens. L'un de ceux-ci n'a pas d'équivalent en Europe, c'est la cour des censeurs ou *tou ch'a yuan*, avec un président mandchou et un chinois. Plusieurs de ces malheureux ont payé de leur tête une censure trop crue et trop vraie de la conduite impériale.

Han lin yuan : la forêt des pinceaux, ou collège de littérature.

De nombreux fonctionnaires sont à la tête des différents services de ce collège, qui, comme tous les départements de l'administration chinoise, possède une variété de secrétaires et sous-secrétaires, archivistes, etc.

Kouo tse kien : Académie impériale, située dans des bâtiments adjacents au temple de Confucius; mais, comme beaucoup des autres institutions chinoises, cette Académie est plutôt un assemblage de dignitaires littéraires qu'une réunion de membres actifs. Quelques-uns vont de temps en temps faire acte de présence dans la salle quadrangulaire occupée par les textes et nombreux commentaires de Confucius. Il y a comme dignitaires :

Le *Kouan li kouo tse kien ta tchen* : président de l'Académie impériale;

Tsi tsicou, préposé aux libations; un Mandchou et un Chinois;

Puis une suite de docteurs, d'archivistes, etc.

Kin tien kien : bureau impérial d'astronomie, avec les officiers suivants :

Kouan li kien che ta tchen, président;

Kien tcheng, directeurs, un Mandchou et un Chinois;

Kien fou, sous-directeurs; un Mandchou et un Chinois;

Tso yeou kien fou, assistants sous-directeurs (de gauche et de droite). Ces deux postes, au XVIIIe siècle, devaient être occupés par des Européens (missionnaires Jésuites).

Ou kouan tcheng, secrétaires;

Chié hou tcheng, conservateur de la Clepsydre;

Ling t'aï lang, gardien de l'observatoire;

Taï yi yuan, collège des médecins;

Yuan che, commissaire;

Tso yeou yuan pan, directeur de gauche et de droite;

Ya yi, médecins de l'Empereur, au nombre de quinze.

Administration provinciale.

Che pa cheng : Les dix-huit provinces.

Les provinces sont divisées en *fou* ou préfectures; *t'ing* ou sous-préfectures indépendantes; *tche li tcheou* ou , départements indépendants; *tcheou* ou départements relevant d'un *fou;* et *chien,* sous-préfectures relevant d'un *fou* et quelquefois d'un *tche li tcheou.*

Voici les noms des dix-huit provinces :

Tche li, Kiang sou, Ngan houei, Kiang si, Chang tong, Chan si, Honan, Chen si, Kan sou, Fou kien, Tche kiang, Hou pé, Hou nan, Sse tchouan, Kouang tong, Kouang si, Yun nan, Kouei tcheou.

A la tête de l'administration provinciale se trouve le gouverneur général ou *tsong tou,* que nous nommons à tort vice-roi.

Dans la conversation on lui donne le titre de *tche tai.*

Toutes les provinces n'ont pas de gouverneur général.

Le *Tche li* et le *Sse tchuen* en ont un chacune.

Le *Kiang sou, Ngan houei* et *Kiang si* en ont un pour elles trois.

Chen si et *Kan sou; Fou kien* et *Tche kiang; Houpé* et *Hounan; Kouang tong* et *Kouang si; Yunnan* et *Kouei tcheou,* en ont un pour deux provinces.

Chan tong, Chan si et *Ho nan* n'en possèdent pas.

Chacune des provinces, qu'elle possède un gouverneur général ou non, a un gouverneur résidant dans la capitale et nommé *Siun fou* ou *Fou tai.*

Il est plutôt un collègue qu'un subordonné pour le gouverneur général.

Viennent ensuite :

Pou tcheng che sse : trésorier provincial appelé aussi *fan tai.*

Ngan tch'a che sse : juge provincial appelé aussi *nié tai.*

Yen yun che sse : contrôleur du sel.

Léang tao : intendant des grains.

Feun siun tao : intendant de district ou *tao tai.*

Fonctionnaire placé au-dessus de deux préfectures

(quelquefois plus). Comme il a également le contrôle des forces militaires de sa juridiction, il porte également le titre de *ping pei tao*. Il a également, dans les ports ouverts, la surintendance des douanes, et, de plus, c'est avec lui que les consuls étrangers traitent d'égal à égal.

Tche fou : préfet, dit aussi *tcheng tang*.

Tong tche : assistant du préfet, dit aussi *eurl fou*; aide du préfet.

Parmi ceux-ci quelques-uns peuvent administrer des *ting* ou sous-préfectures indépendantes.

Tong pan ou san fou : assistant du préfet.

Tche tcheou : chef de département, soit à la tête d'un *tche li tcheou* ou département indépendant, soit à la tête d'un département soumis à une préfecture.

Tcheou tong : premier conseiller.

Tcheou pan : deuxième conseiller.

Li mou : police et prison.

Tso eurl : aides conseillers de préfectures, départements ou districts.

Tche chien : sous-préfet; portant, comme le préfet, le titre de *tcheng tang*.

Chien tcheng : premier conseiller.

Tchou pou : deuxième conseiller.

Siun kien : aide conseiller d'un sous-district.

Tien che : police et prison.

King li : secrétaire.

Tchao mo : gardien du sceau.

K'ou ta che : gardien du trésor.

Tou che : secrétaire adjoint.

Li ouen : secrétaire pour les lois.

Tche che : archiviste.

Ts'ang ta che : gardien des greniers.

Sse yu : gardien de prison.

Kiao cheou : directeur des études d'une préfecture.

Chió tch'eng : directeur des études d'une sous-préfecture.

Kiao yu : directeur des études d'un district.

Chiun tao : directeur adjoint.

Chio tcheng : directeur provincial pour l'instruction; appelé aussi *chio tai*. Préside les examens de préfecture pour le grade de bachelier.

Hai kouang kien tou : surintendant des douanes. Cet office est généralement rempli, quoique pas toujours, par le *tao tai*.

Administration des districts non encore assimilés ou Tou Kouan indigènes.

Dans les dix-huit provinces, principalement dans celles du Sud et de l'Ouest, Yunnan, Kouang si, Kouei tcheou, il existe encore des tribus indigènes non assimilées. Ce sont les restes des races conquises par la Chine et dont les derniers représentants luttent encore, avec une obstination pacifique, pour conserver leur indépendance au moins superficielle. Dans plusieurs endroits, notamment dans le sud du Yunnan, ces populations ont comme complice la fièvre, qui empêche tout Chinois de résider chez elles et oblige les Célestes à leur laisser une plus grande indépendance qu'ailleurs.

Le gouvernement chinois laisse donc l'administration à des chefs indigènes sous la vague direction du mandarin chinois de la ville la plus voisine.

Ces chefs se nomment :

Tou sse;

Tche houei che sse;

Sinan houei che sse;

Sinan fou che sse;

Tchao t'ao che sse;

Ngan fou che sse.

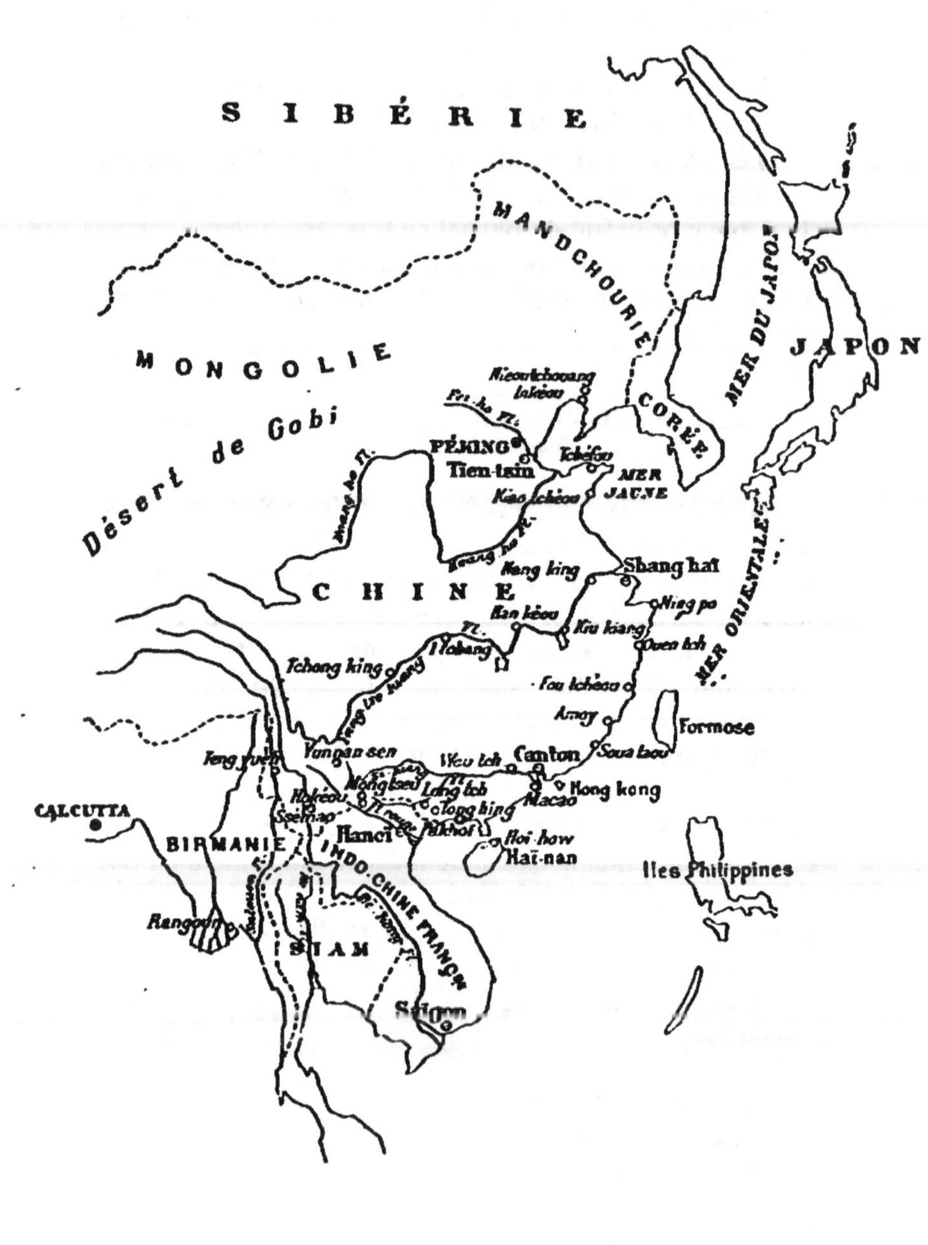

SIBÉRIE
MANDCHOURIE
MONGOLIE
Désert de Gobi
MER DU JAPON
JAPON
CORÉE
Nieoutchouang
Takéou
Pei ho Fl.
PÉKING
Tien-tsin
Tchéfou
MER JAUNE
Kiao tchéou
Hoang ho Fl.
CHINE
Nang king
Shang haï
MER ORIENTALE
Han kéou
Ning po
Fl.
Tchang
Kiu kiang
Ouen tch
Tchong king
Fou tchéou
Yang tse kiang
Amoy
Formose
Teng yueh
Yunnan sen
Wou tch
Canton
Soua tcou
Mong tseu
Ta tch
Ho kéou
Long tch
Tong king
Macao
Hong kong
Sseu mao
Manci
Pakhoï
Hoï how
CALCUTTA
BIRMANIE
Haï-nan
Iles Philippines
INDO-CHINE FRANÇ
Rangoon
SIAM
Saïgon

,Viennent ensuite des administrateurs indigènes en sous-ordre :

T'ong tche;

Fou che;

K'ien che;

puis les chefs de village :

Tsien hou, chef de mille maisons;

Fou tsien hou, sous chef de mille maisons;

Pé hou, chef de cent maisons.

Administration de la ville de Péking.

La ville de Péking est administrée par un gouverneur ou *fou yin,* aidé d'un vice-gouverneur ou *chien yin.* Le nom administratif de la ville est *Chouen tien fou* (litt. la Ville qui obéit au Ciel).

Un sous-gouverneur *fou tcheng* et un sous-préfet *tche tchong* sont adjoints aux deux précédents.

Viennent ensuite :

Ou tcheng yu che, chefs de police des cinq divisions de la cité;

Ping ma sse tche houei, officiers de police, dits généralement *sse kouan;*

Ping ma sse fou tche houei, officiers adjoints aux précédents, dits *quasi fang kouan;*

Li mou, inspecteur de police et chef des prisons;

Kiai tao ling, bureau des voies et routes;

Pou kiun yin, gendarmerie, avec un chef désigné sous le nom de *pou kiun tong ling,* commandant général;

Tso yeou yi tsong ping, deux lieutenants commandant en sous-ordre, *tso* de gauche, ou n° 1; *yeou* de droite, ou n° 2;

Yi yu, sous-lieutenant commandant adjoint aux deux premiers;

Pang pan yi yu, deuxième adjoint;
Chié yu, major;
Fou yu, capitaine;
Pou kiun chiao, lieutenant;
Ouei chou pou kiun chiao, adjoint au précédent;
Sin pao tsong kouan, contrôleur des signaux d'alarmes;
Tcheng meun ling, capitaine d'une porte de la ville;
Meun tsien tsong, lieutenant d'une porte;
Tcheng meun li, comptable des portes;
Tsong ouen meun kien tou, surintendant de l'octroi de Péking;
Tso yeou yi kien tou, surintendant des droits de bétail et d'impôt immobilier;
Tsang tchang, administration des greniers à riz;
Pao kinan kin, bureau de la monnaie (recettes);
Pao yuan kin, bureau de la monnaie (frappe).

Administration des trois provinces mandchoues.

Tong san cheng : les trois provinces de l'Est.

Province de *Feung tien;* capitale *Cheng king* ou Moukden, administrée par un *tsiang kiun*, gouverneur militaire, et un *Fou yin*, gouverneur civil;
Fou tcheng, vice gouverneur civil;
Fou tou long, vice-gouverneur militaire;
Tcheng cheou yu, commandant militaire;
Fang cheou yu, deuxième commandant militaire.

Il existe, en outre à Moukden, des départements spéciaux pour les finances, les cultes, la guerre, la justice, les travaux publics, à la tête desquels se trouvent des vices-ministres relevant de Péking et agissant de concert avec le gouverneur militaire.

Province de Kilin; capitale *Kilin*, gouvernée par un *tsiang kiun* gouverneur militaire aidé de lieutenants gouverneurs à *Kilin oula*, ville de Kilin; *Ningoula, Pé-louné, San sing, Allchoukha.*

Province de *Ile loung kiang;* villes principales *Ile loung kiang, Merguen, Tsitsikar;* à la tête un gouverneur général militaire avec un lieutenant gouverneur dans chacune des villes.

Les peuplades nomades qui habitent encore ces contrées se trouvent sous la direction de chefs désignés par :

Yeou mou tcheng yu, chef surintendant;

Yeou mou fou yu, sous-chef surintendant.

X

L'armée chinoise.

L'armée est divisée en deux parties distinctes :

1° Les huit bannières *pa ki*, comprenant tous les Mandchous valides, et les descendants des Mongols et des Chinois du Nord, qui ont combattu pour l'avènement au trône de la dynastie actuelle.

Ces bannières sont divisées ainsi qu'il suit :

Bordure jaune,
Jaune,
Bordure blanche,
Blanche,
Bordure rouge,
Rouge,
Bordure bleue,
Bleue.

Elles sont commandées par un *tou tong*, commandant général, et un *fou tou tong*, lieutenant-général, assistés d'officiers de grades correspondant à ceux des armées européennes.

2° L'armée chinoise ou *lou yin*, armée de l'étendard vert; répartie en *lou lou* ou armée de terre, et *chouei che* ou armée d'eau. Elle est commandée par des *ti lou* ou commandants en chef de la province.

Cette armée est plutôt composée de garnisons provinciales sans cohésion et n'a rien de ce que nous appelons une *armée*. En dehors des troupes commandées par les *ti lou*, chaque gouverneur général, chaque

gouverneur, tao tai, préfet, sous-préfet a ses soldats
à lui, entretenus à ses frais. Il n'existe aucune organi-
sation sérieuse, aucune unité d'action. C'est ce qui
rend la Chine si faible au point de vue militaire et la
laisse à la merci du plus faible adversaire qui puisse
se présenter avec une poignée d'hommes aguerris, bien
conduits et bien organisés.

XI

Le mandarinat civil et militaire et les examens.

1er ORDRE.

1er rang : globule en pierre précieuse rouge ;
2e rang : globule en corail.

2e ORDRE.

1er rang : pierre précieuse rouge mate ;
2e rang : corail ciselé en forme de fleur.

3e ORDRE.

1er rang : pierre sphérique bleue ;
2e rang : pierre identique mais plus petite.

4e ORDRE.

1er rang : pierre précieuse bleue obscure ;
2e rang : verre bleu.

5e ORDRE.

1er rang : cristal de roche ;
2e rang : même globule que le premier.

6e ORDRE.

1er rang : pierre précieuse vulgaire ;
2e rang : même pierre que le premier.

7ᵉ ORDRE.

1ᵉʳ rang : or ciselé;
2ᵉ rang : pierre blanche mate.

8ᵉ ORDRE.

1ᵉʳ rang : or ciselé en forme de fleur;
2ᵉ rang : même globule que le premier.

0ᵉ ORDRE.

1ᵉʳ rang : cuivre doré;
2ᵉ rang : même globule que le premier.

Chaque mandarin civil ou militaire a droit, suivant ses titres et ses fonctions, à un rang plus ou moins élevé dans la hiérarchie susindiquée. Un membre du conseil privé, par exemple, ou le président du ministère de la guerre auront droit au 1ᵉʳ rang du premier ordre avec le globule en pierre précieuse rouge, et ainsi de suite.

Examens.

Les examens civils sont de trois degrés. Ceux du premier degré se passent dans la préfecture du candidat qui, s'il est reçu, obtient le grade de *sicou ts'ai* ou bachelier.

Ceux du second degré se passent au chef-lieu de la province et donnent droit, en cas de succès, au diplôme de *kiu jen* ou licencié.

Quant aux examens du troisième degré, ils se passent à Péking et donnent le brevet de *tsin che* ou docteur aux candidats heureux.

Les examens militaires, encore de nos jours, sont

ce qu'ils étaient il y a deux mille ans; tir à l'arc à pied et à cheval, haltères, jeux d'adresse et de force.

Nous devons cependant ajouter que, depuis quelques années, et notamment depuis la révolte des Boxeurs en 1900, le gouvernement de Péking a introduit divers changements dans ses programmes d'examens. Ainsi l'histoire, la géographie, les sciences d'Europe doivent, dans une certaine mesure, être admises. Des essais ont été déjà faits, qui ont donné des résultats satisfaisants.

De plus, un grand nombre de jeunes Chinois se rendent au Japon, dans les écoles industrielles, scientifiques, militaires et navales pour y recevoir l'instruction occidentale, et aussi, hâtons-nous de le dire, la haine profonde de l'Européen, dont ils apprennent les procédés pour mieux s'en servir contre eux.

Enfin, la Chine s'ouvre péniblement, mais enfin elle s'ouvre et, sous l'impulsion du Japon, peut-être fera-t-elle, au point de vue militaire, des progrès plus rapides qu'il ne serait désirable pour nous.

Nos arrière-neveux verraient-ils un nouveau Gengis khan équipé, cette fois, et armé à la moderne ?

XII

Traités conclus entre la France et 'a Chine.

Depuis près de soixante ans, différents traités ont été conclus entre la France et la Chine, à la suite de querelles et de guerres sanglantes. Nous en donnons ci-après les dates, mais nous ne croyons pas devoir en donner le texte complet; ces textes se trouvant : pour les personnes résidant en France, dans l'ouvrage de M. Cordier, spécialement consacré aux conventions avec la Chine; et, pour les Français résidant en Extrême-Orient : dans le *Hongkong Chronicle et Directory*, qui se publie tous les ans.

24 octobre 1844. — Traité d'amitié et de commerce, signé à Whampou, suivi d'un tarif d'importation et d'exportation;

27 juin 1858. — Traité d'amitié et de commerce, signé à Tien Tsin; articles séparés servant de complément au traité;

24 novembre 1858. — Tarifs de douane et règlements commerciaux stipulés à Chang hai;

25 août 1860. — Convention de paix, additionnelle au traité de Tien Tsin, conclue à Péking;

11 mai 1884. — Convention préliminaire d'amitié et de bon voisinage, conclue à Tien Tsin;

9 juin 1885. — Traité de paix, d'amitié et de commerce, conclu à Tien Tsin;

25 avril 1886. — Convention commerciale signée à Tien-Tsin;

26 juin 1887. — Convention additionnelle signée à Péking;

26 juin 1887. — Convention relative à la délimitation de la frontière entre la Chine et le Tonkin.

20 juin 1895. — Convention additionnelle signée à Péking.

Septembre 1901. — Protocole international signé à Péking après l'expédition contre les Boxeurs 1900-1901.

FIN

TABLE DES MATIÈRES

Paris et Limoges. — Imp. milit. Henri Charles-Lavauzelle.